栄養教諭のための
教職実践演習・栄養教育実習ノート
1年次から使えるポートフォリオ

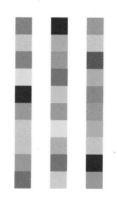

監修	芦川　修貳
編集代表	田中　延子
編集	守田真里子
	髙田　尚美

学建書院

──────── 著者一覧 ────────

■監 修

芦川　修貳　　北海道文教大学人間科学部

■編集代表

田中　延子　　淑徳大学看護栄養学部

■編 集

守田真里子　　尚絅大学生活科学部

髙田　尚美　　名古屋学芸大学管理栄養学部

■執 筆（五十音順）

秋葉　佳子　　千葉市立瑞穂小学校

芦川　修貳　　北海道文教大学人間科学部

安倍　ちか　　九州栄養福祉大学食物栄養学部

岩田　雪子　　熊本県立荒尾支援学校

内田　良子　　相模女子大学栄養科学部

太田裕美子　　富山短期大学食物栄養学科

岸根　美絵　　川越町立川越北小学校

後藤　純子　　京都府立盲学校

島村　幸代　　女子栄養大学短期大学部食物栄養学科
　　　　　　　城西大学薬学部

髙田　尚美　　名古屋学芸大学管理栄養学部

高橋　和子　　松本大学人間健康学部

竹内佳代子　　長野県栄養士会

田中　延子　　淑徳大学看護栄養学部

田中　広美　　東京聖栄大学健康栄養学部

土谷　政代　　東筑紫短期大学食物栄養学科

飛松　佳子　　鹿児島県立鹿児島聾学校

中津井貴子　　光市立浅江小学校

西内　恵子　　鹿児島市立西伊敷小学校

水嶋眞由美　　仁愛大学人間生活学部

守田真里子　　尚絅大学生活科学部

山際　昌枝　　小樽市立桂岡小学校

はじめに

栄養教諭制度は，朝食欠食や栄養バランスに欠けた食生活，食文化の喪失等，さまざまな食に関する課題が児童生徒にみられることから，それらを改善する施策として，2005（平成17）年にスタートしました．

栄養教諭は，教育に関する資質と管理栄養士・栄養士としての栄養に関する専門性を併せ持つ教育職員として，学校給食という児童生徒にとって魅力的で効果的な教材を活用して，食に関する指導を行います．

学校給食の献立は，おいしいということはもちろんですが，栄養のバランスや彩り，季節感，食文化，地場産物，郷土食，伝播の経路や歴史，食べ物と命，生産者への感謝，食品衛生等，児童生徒が学習すべき内容がたくさん含まれています．また，食に関する関連教科で取り上げられる内容を，意図的に献立に盛り込むことも積極的に行われています．

毎日の栄養豊富な給食で，味覚とともに学んだ食に関する事柄は，将来の健康な身体の基礎になるとともに，生涯を通して望ましい食生活を実践できる力になります．超高齢社会を迎え，少数で多くの高齢者を支えなくてはならない厳しい社会を生きるためには，何よりも健康でなくてはなりません．そして，子どもたちが料理をつくるスキルを身に付け，将来，家族と「おいしいね」，「幸せだね」と笑って生きてほしいと願っています．

栄養教諭は，まさしく児童生徒の現在，そして将来を幸せにすることができる職業なのです．

栄養教育実習はそのような栄養教諭免許状を取得するために，教育職員免許法に定められた必修科目です．

教育実習においては，これまで学んできた教員としての力を発揮して研究授業を行ったり，児童生徒の食に関する課題を把握したり，栄養教諭と教員，保護者，地域との連携の仕方を模索したりと，栄養教諭をめざすみなさんが，見たり，聞いたり，感じたり，確認したりして学ぶことがたくさんあります．

本書は，みなさんの実習がより有意義で，実りの多いものとなるようサポートするために作成されています．

また，本書には，他の栄養教育実習ノートにはない特徴があります．

1つめは，栄養教育実習と併せて，教職実践演習で学ぶべき内容が盛り込まれています．教職実践演習は，全学年を通じた「学びの軌跡の集大成」です．栄養教諭になるうえで，何を学び，何が不足しているのかを自覚し，不足の知識や技能を補っていきます．そのため，1年次から積み上げた教員としての成長を記録確認できるポートフォリオを加えています．

1年次から手に取って栄養教諭の職務や役割についての理解を深め，教員，管理栄養士・栄養士としての力量を身に付けるとともに，自身の成長を実感していただきたいと思います．

2つめは，本書は現役の栄養教諭や栄養教諭経験者等が自身の経験をもとに，栄養教諭をめざすみなさんに学んでいただきたいことや伝えたいことを中心に執筆しています．まさに，「栄養教諭のための栄養教諭による栄養教育実習ノート」です．

本書が栄養教諭をめざすみなさんの道標となり，社会の期待に応え得る栄養教諭になられることを執筆者全員が心から願っています．

令和3年1月

田中延子

目　次

本書の使い方

●学修ポートフォリオの活用●

1 学修ポートフォリオとは

本書で扱う「学修ポートフォリオ」とは，栄養教諭に求められる資質を計画的に身に付けるために，1年次から学生自身が，自己の履修計画や教職課程での学修記録，定期的な自己評価を記録した履修カルテ等を保管したものである．大学・短期大学・専門学校（以下「大学等」という．）の授業だけでなく，教育等に関連するボランティアや活動の記録も保管していく．

卒業年次（4年次・2年次）後期の必修科目「教職実践演習」では，学修ポートフォリオを活用し，一人一人の学生が身に付けた栄養教諭として最小限必要な資質能力と補完すべき課題を明確にする．

2 学修ポートフォリオへの保管

学修ポートフォリオには，以下の4点を保管する．

---

① 自己のカリキュラムマップ
　めざす栄養教諭像に向けての履修計画
② 教職課程の学修記録
　科目等で作成したレポートや作品，記録等
③ 教職課程以外の関連する学修や活動記録
　臨地・校外実習（学校給食施設）やボランティア活動記録等
④ 修得状況および課題記録
　履修カルテ例①：教職科目等履修と自己評価
　履修カルテ例②：資質能力についての自己評価

（1）自己のカリキュラムマップ

めざす栄養教諭像や栄養教諭として最小限必要な資質能力を記入するとともに，それらに向けて学ぶ教職課程および管理栄養士・栄養士養成課程の科目等を記入することで，1年次から卒業年次（4年次・2年次）までの学修の全体像（履修計画）を把握することができる．**表1**は栄養教諭になるためのカリキュラムマップ例である．この表は一例であり，大学等によりカリキュラムは異なる．

巻末資料に，自己のカリキュラムマップ作成用紙および作成方法を掲載しているので，自分自身のカリキュラムマップを作成してほしい．

（2）教職課程での学修記録

教職課程では，**表1**にあるように「栄養に係る教育に関する科目」，「教育の基礎的理解に関する科目」，「道徳，総合的な学習の時間等の内容及び生徒指導，教育相談等に関する科目」，「教育実践に関する科目」等，栄養教諭免許状取得にあたって必ず履修しなければならない科目が法律で定められている．このほか，各大学等が独自に開講している栄養教諭養成に関する科目等がある．これらの科目等で作成したレポートや作品等を保管する．

〈例〉

・科目等で作成したレポート・作品
・指導案，ワークシート，作成教材
・栄養教育実習録　など

■表1　栄養教諭になるためのカリキュラムマップ例

めざす栄養教諭像							
※大学等のめざす栄養教諭像や，栄養教諭として働きたい自治体の教員育成指標等に示されている着任時に求められる姿等を参考に記入する．							

栄養教諭として最小限必要な資質能力 ※栄養教諭に求められる事項	① 使命感や責任感，教育的愛情等に関する事項 ② 社会性や対人関係能力に関する事項 ③ 幼児児童生徒理解や学級経営等に関する事項 ④ 教科・保育内容等の指導力に関する事項 ⑤ 栄養の専門性に関する事項

学年	教職課程科目例				栄養教諭免許状取得に必要な教養科目	教職課程以外の関連科目や活動等	管理栄養士・栄養士養成課程の科目
	栄養に係る教育に関する科目	教育の基礎的理解に関する科目	道徳，総合的な学習の時間等の内容及び生徒指導，教育相談等に関する科目	教育実践に関する科目			
	（4単位以上）	（8単位以上）	（6単位以上）	（4単位以上）	（8単位以上）		
4年				教職実践演習		現職栄養教諭交流研修会	
				栄養教育実習（事前・事後指導）			
3年	食教育実践論	特別支援教育概論				学習支援ボランティア 現職栄養教諭交流研修会	
	学校栄養指導論		教育相談			○○市食育フェアボランティア	
2年		教育心理学	生徒指導論			現職栄養教諭交流研修会	
		教育制度	道徳及び特別活動の指導法		情報処理演習II	学習塾アルバイト	
1年		教職論	教育方法論		情報処理演習I 英語II 体育実技B	現職栄養教諭交流研修会	
		教育原理			日本国憲法 英語I 体育実技A	教職課程履修ガイダンス	

（3）教職課程以外の関連する学修や活動記録

教職課程以外の科目においても，学校教育や食育等と関連するものを保管する．

〈例〉
・臨地・校外実習（学校給食施設）の記録
・地域等での食育活動記録
・学習支援ボランティア活動記録
・学校教育・児童生徒・食等に関するニュースや資料など

（4）修得状況および課題記録（履修カルテの利用）

本書では履修カルテ例①，②を示している．学生が自己の課題を発見し，主体的に学び，栄養教諭として最小限必要な資質能力を形成していくために，履修開始時および各学年次末に自己評価を行う．そして，学修ポートフォリオに保管して，自己の成長の軌跡を確認し課題を把握する．

① 履修カルテ例①：教職科目等履修と自己評価
・教職課程科目：科目名，教員名，履修時期，到達目標（シラバス等から作成），評価（履修後の成績）・単位数，修得事項と課題
・教職課程以外の関連科目等と自己評価：活動名，経験時期，内容，修得事項と課題（教員等の評価等も記入）

② 履修カルテ例②：資質能力についての自己評価
・栄養教諭として最小限必要な資質能力についての自己評価
・使命感や責任感・教育的愛情等，社会性や対人関

■表2　栄養教諭として求められる資質能力とカリキュラムの関連例

学年	免許法施行規則に定める科目区分等	開講科目例	①使命感や責任感，教育的愛情等に関する事項	②社会性や対人関係能力に関する事項	③幼児児童生徒理解や学級経営等に関する事項	④教科・保育内容等の指導力に関する事項	⑤栄養の専門性に関する事項
4年	教職実践演習	教職実践演習	◎	◎	◎	◎	◎
	栄養教育実習	栄養教育実習（事前・事後指導）	◎	◎	◎	◎	◎
3年	食生活に関する歴史的及び文化的事項並びに食に関する指導の方法に関する事項	食教育実践論		○	○	◎	○
	幼児，児童及び生徒の栄養に係る課題に関する事項	学校栄養指導論		○	◎		○
	栄養教諭の役割及び職務内容に関する科目		◎	○			○
	特別の支援を必要とする幼児，児童及び生徒に対する理解	特別支援教育概論	○	○	◎		
	教育相談（カウンセリングに関する基礎的な知識を含む．）の理論及び方法	教育相談	○	○	◎		
2年	幼児，児童及び生徒の心身の発達及び学習の過程	教育心理学	○	○	◎		
	生徒指導の理論及び方法	生徒指導論	○	○	◎		
	教育に関する社会的，制度的又は経営的事項（学校と地域との連携及び学校安全への対応を含む．）	教育制度	○	◎			
	道徳，総合的な学習の時間及び特別活動に関する内容	道徳及び特別活動の指導法	○		○	◎	
1年	教育の方法及び技術（情報機器及び教材の活用を含む．）	教育方法論		○	○	◎	
	教職の意義及び教員の役割・職務内容（チーム学校運営への対応を含む．）	教職論	◎	○	○		
	教育課程の意義及び編成の方法（カリキュラム・マネジメントを含む．）	教育原理	◎	○	○		
	教育の理念並びに教育に関する歴史及び思想		◎	○	○		

注）◎：栄養教諭として求められる資質能力を修得することができる科目，○：栄養教諭として求められる資質能力と関連する科目
※栄養の専門性に関する事項については，管理栄養士・栄養士養成課程の科目でその多くを修得することができる．

係能力，幼児児童生徒理解や学級経営等，教科・保育内容等の指導力，栄養の専門性

なお，履修カルテの作成・管理は各大学の教員養成カリキュラム委員会等で行うものである．巻末資料に，栄養教諭の履修カルテ例を示しているので，参考にしてほしい（p.98〜102参照）．

表2では，栄養教諭として求められる資質能力とカリキュラム（モデル）の関連を示した．

3　1年次から学修ポートフォリオが必要な理由

教職課程を履修する学生のなかには，栄養教諭をめざして大学等を選択した人や，入学してから管理栄養士・栄養士を基礎資格とする教員としての栄養教諭を知り，自身の可能性を広げるために履修をはじめる人もいる．どの学生にとっても，栄養教諭免許状取得に必要な単位の取得だけでなく，栄養教諭として必要な資質能力を把握し，めざす栄養教諭像を明確にすることが必要である．そのために，1年次からの学修記録や履修カルテ等を学修ポートフォリオに保管し，自分が身に付けた資質能力と課題を，教員からの指導・助言を受けながら，定期的に評価・確認し，活用していくことが大切である（図1）．

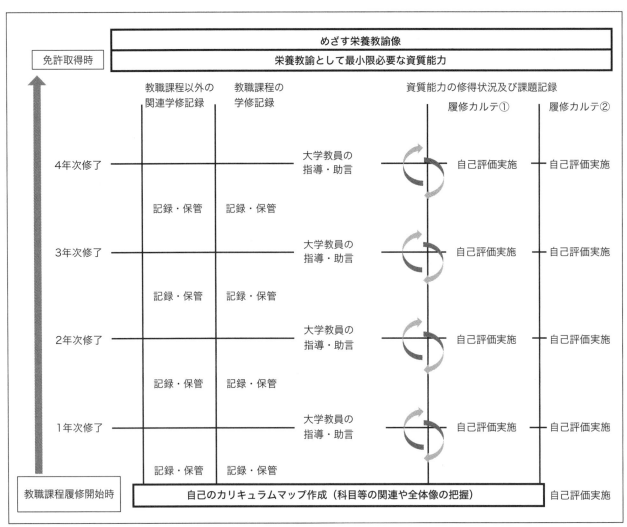

■図1　教職課程履修開始時から免許取得時までの学修ポートフォリオの活用例

4

栄養教諭制度の概要

●栄養教諭のあり方●

1 はじめに

　栄養教諭制度は，2005（平成17）年4月から配置がスタートした比較的新しい教員免許制度である．

　それまでは，学校や共同調理場において，学校栄養職員が給食の管理（栄養管理，衛生管理，物資の管理等）を行っており，食に関する指導は職務に位置付けられていなかった．家庭科や保健の教員免許状をもっている学校栄養職員が相当数いて，食と関連する教科や学級活動において授業を行ったり，給食の時間に各学級を巡回し，給食指導や栄養指導を行ったりしていた．しかし，それはあくまでも，個人のやる気や頑張りに委ねられたもので，学校の指導体制には位置付けられていなかったため，取組は学校によってまちまちであった．

　また，学校栄養職員が児童生徒に指導を行っても，管理栄養士・栄養士と教員との職種の違いから連携がとれず，単発の指導で終わり，時間の経過とともに無に帰してしまうことが多く，児童生徒の行動変容につながりにくいという状況であった．

　このようなことから，学校栄養職員たちは「教壇に立って，直接，児童生徒に指導を行いたい」と栄養教諭制度の創設に向けた陳情を長年展開していた．

2 栄養教諭制度創設の経緯

　1997（平成9）年の文部科学省の保健体育審議会答申『生涯にわたる心身の健康の保持増進のための今後の健康に関する教育及びスポーツの振興の在り方について』において，超高齢社会が間近に迫っているなか，それを支える児童生徒の体力・運動能力に不安があることが指摘され，食生活をはじめとする基本的な生活習慣を身に付けさせる必要性が示された．そこで管理栄養士・栄養士の免許を有し，食の専門家である学校栄養職員を活用した食に関する指導の充実が求められた．

　学校栄養職員には，栄養学等の専門に関する知識や技術は確保されているものの，児童生徒に食に関する指導を行うために必要な次の三つの資質を身に付ける必要があるとして，「新たな免許制度の導入を含め，（教育に関する）学校栄養職員の資質向上策の検討」が提言された．

① 児童生徒の成長発達，特に日常生活の行動についての理解

② 教育の意義や今日的な課題に関する理解

③ 児童生徒の心理を理解しつつ，教育的配慮をもった接し方

　つまり，教員としての資質を身に付けることが求められたのである．

　1998（平成10）年には，教育職員免許法が改正され，教員免許状を持たない者に特別免許状を付与することで指導ができる「特別非常勤講師制度」が許可制から届け出制になった．このことによって学校栄養職員も特別非常勤講師として，直接，児童生徒に食に関する指導が行えるようになった．

　2001（平成13）年の中央教育審議会答申『子どもの体力向上のための総合的な方策について』においては，児童生徒の健康課題に対応するため「栄養

教諭（仮称）制度など学校栄養職員に係る新たな制度の創設を検討し，学校栄養職員が栄養及び教育の専門家として，児童生徒の食に関する教育指導を担うことが必要である」と提言された．

2004（平成16）年の中央教育審議会答申『食に関する指導体制の整備について』において，栄養教諭の必要性，職務，免許制度等について提言された．

同年5月には，「学校教育法等の一部を改正する法律」が公布され，栄養教諭免許状については7月から，配置については2005（平成17）年4月から施行されることとなった．

このように，長年にわたり，学校栄養職員が地道な陳情を重ねた結果，栄養教諭制度は創設されたのである．しかし，学校給食の実施そのものが義務ではないために，他の教職員とは異なり，配置については設置者（教育委員会等）の判断に委ねられ，2005（平成17）年4月は，4道府県34名の配置でスタートした．

2022（令和4）年，栄養教諭は6,843名となり，栄養教諭・学校栄養職員総数の60.3％となった．その配置率は，配置が進んでいる道府県では，90〜100％に達しているが，東京都では6.7％に止まるなど，都道府県によって大きな差が生じている．

> **栄養教諭の必要性**
> 　学校栄養職員の資質に加え，教育に関して必要な資質を身に付けた者が食に関する指導を担うことができるよう，栄養教諭制度を創設し，効果的な食に関する指導体制の整備を図る必要がある．
> **職　務**
> 　栄養教諭は，教育に関する資質と栄養に関する専門性を併せ持つ職員として，学校給食を生きた教材として活用した効果的な指導を行うことが期待される．このため，（1）食に関する指導と，（2）学校給食の管理を一体のものとしてその職務とすることが適当である．
> **免　許**
> 　普通免許状として専修免許状，一種免許状，二種免許状の三種類とする．
> 　このうち，他の教諭等と同様に，一種免許状は普通免許状の中で標準的なものと考える．
> **配　置**
> 　学校給食の実施そのものが義務的なものではないこと，現在の学校栄養職員も学校給食実施校すべてに配置されているわけではないこと，及び，地方の自主性を尊重するという地方分権の趣旨にかんがみ，栄養教諭の配置は義務的なものとはせず，公立学校については地方公共団体の，国立及び私立学校についてはその設置者の判断に委ねられるべきである．
>
> （平成16年文部科学省中央教育審議会答申
> 『食に関する指導体制の整備について』）

環境を把握しているのは，担任教諭だからである．児童生徒や家庭・地域の課題を共有し，計画的に繰り返し指導を進めることが大切であり，成功の鍵は「バランス」と「教職員との連携」である．

■3　栄養教諭の職務

職務については，学校教育法第37条13項に「栄養教諭は，児童の栄養の指導及び管理をつかさどる．」と示されており，詳細については，2008（平成20）年に改正された学校給食法第10条に規定されている．また，全国で食育を推進するためには，多くの栄養教諭が必要であり，学校栄養職員も栄養教諭に準じて職務を行うこととされている（p.7参照）．

栄養教諭は食に関する指導と学校給食の管理を一体の職務として行い，学校における食育を中心となって推進する教員である．2つの職務は車の両輪であって，片方が大きかったり小さかったりするとバランスを欠き，児童生徒に食に関する実践力を付けるという目的地には到着できない（**図Ⅰ-1**）．

また，栄養教諭が一人で頑張っても，教職員の協力が得られなければ成果を上げることは困難である．なぜなら児童生徒個々の食に関する課題や家庭

栄養教諭の職務

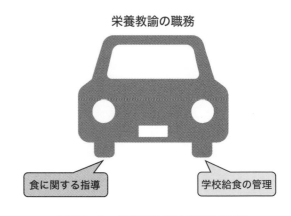

食に関する指導　　　　学校給食の管理

■図Ⅰ-1　栄養教諭が担う職務の両輪

第7条　義務教育諸学校又は共同調理場において学校給食の栄養に関する専門的事項をつかさどる職員（第10条第3項において「学校給食栄養管理者」という.）は，教育職員免許法（昭和24年法律第147号）第4条第2項に規定する栄養教諭の免許状を有する者又は栄養士法（昭和22年法律第245号）第2条第1項の規定による栄養士の免許を有する者で学校給食の実施に必要な知識若しくは経験を有するものでなければならない.

第10条　栄養教諭は，児童又は生徒が健全な食生活を自ら営むことができる知識及び態度を養うため，学校給食において摂取する食品と健康の保持増進との関連性についての指導，食に関して特別の配慮を必要とする児童又は生徒に対する個別的な指導その他の学校給食を活用した食に関する実践的な指導を行うものとする. この場合において，校長は，当該指導が効果的に行われるよう，学校給食と関連付けつつ当該義務教育諸学校における食に関する指導の全体的な計画を作成することその他の必要な措置を講ずるものとする.

2　栄養教諭が前項前段の指導を行うに当たつては，当該義務教育諸学校が所在する地域の産物を学校給食に活用することその他の創意工夫を地域の実情に応じて行い，当該地域の食文化，食に係る産業又は自然環境の恵沢に対する児童又は生徒の理解の増進を図るよう努めるものとする.

3　栄養教諭以外の学校給食栄養管理者は，栄養教諭に準じて，第1項前段の指導を行うよう努めるものとする. この場合においては，同項後段及び前項の規定を準用する.

（学校給食法）

4　管理栄養士・栄養士としての栄養教諭

（1）栄養教諭に求められる栄養の専門性

栄養教諭は，児童生徒を対象に行う食に関する指導と学校給食の管理を両輪とする職務を一体的に遂行する. そのため，栄養教諭には「教育に関する資質（教員免許状で質保証）」と「栄養に関する専門性（管理栄養士・栄養士免許で質保証）」とを併せ持つことが求められている.

栄養に関する専門性は，大学等において，管理栄養士・栄養士養成課程の学びのなかで修得していく.

① 栄養教諭免許状と基礎資格

栄養教諭一種免許状における栄養に関する深い専門知識・技術を見きわめる要件は，管理栄養士養成課程と同程度の内容の教育と単位数の修得とされている. 栄養教諭一種免許状の取得には，栄養士免許に加えて管理栄養士免許の取得に必要なレベルの専門性を身に付ける必要がある.

また，栄養教諭二種免許状の取得には，栄養の専門性を担保する基礎資格としての栄養士免許の取得が必要である.

さらに，栄養教諭専修免許状（修士の学位に対応）の取得には，基礎資格として管理栄養士免許を有する必要がある.

いずれの栄養教諭免許状の取得においても，管理栄養士または栄養士の免許が必要であり，このことが栄養の専門性の質の保証になっている.

② 学校給食栄養管理者としての栄養教諭

学校給食法第7条では「学校給食の栄養に関する専門的事項をつかさどる職員は，教育職員免許法に規定する栄養教諭の免許状を有する者又は栄養士法の規定による栄養士の免許を有する者で学校給食の実施に必要な知識若しくは経験を有する者でなければならない.」と規定されており，栄養教諭は学校給食栄養管理者である（左段）.

質の高い学校給食の栄養管理を行うためには，給食管理など管理栄養士・栄養士としての専門性の向上を図る学修がきわめて重要である. また，衛生管理，検食，物資管理等の学校給食の管理も，専門性が必要とされる重要な職務であり，栄養教諭の主要な職務の柱として位置付けられている.

（2）学校給食の管理に関する職務

2004（平成16）年中央教育審議会答申において，具体的な職務内容が次のとおり示された.

学校給食の管理に関する職務内容

学校給食の管理
① 学校給食に関する基本計画の策定への参画
② 学校給食における栄養量及び食品構成に配慮した献立の作成
③ 学校給食の調理，配食及び施設設備の使用方法等に関する指導・助言
④ 調理従事員の衛生，施設設備の衛生及び食品衛生の適正を期すための日常の点検及び指導
⑤ 学校給食の安全と食事内容の向上を期すための検食の実施及び検査用保存食の管理
⑥ 学校給食用物資の選定，購入及び保管への参画

（平成16年文部科学省中央教育審議会答申
『食に関する指導体制の整備について』）

栄養教諭等により適切に栄養管理された学校給食は，食に関する指導を効果的に展開するための最も優れた教材となり得る食事である．栄養教諭として効果的な食に関する指導を遂行するためには，資質能力の高い管理栄養士・栄養士であることが求められている．

① 学校給食に関する基本計画の策定への参画

学校給食の実施にあたっては，献立作成だけでなく，給食費の設定，納入業者の選定，施設設備の管理運営，共同調理場の運営委員会等，さまざまな基本計画が必要であり，栄養教諭は学校給食栄養管理者として，その策定の中心的な役割が求められている．

② 学校給食における栄養量及び食品構成に配慮した献立の作成

学校給食における栄養管理は，学校給食法第8条の学校給食実施基準に示されている「児童又は生徒一人一回当たりの学校給食摂取基準」に基づいて行われている．それぞれの学校の児童生徒の体位及び身体活動等の実態，実際に食べている量，そして地域の実情等に十分配慮し，学校ごとに給与栄養目標量を算出し，これに基づいて食品構成を作成する．旬の食材や地場産物を活用し，年間献立計画に沿って，食に関する指導の教材となるような献立を作成することが重要である（p.40参照）．

③ 学校給食の調理，配食及び施設設備の使用方法等に関する指導・助言

栄養教諭は，調理業務が直営であっても委託であっても，調理従事員の調理指導を行わなくてはならない．そのため，大量調理の基本をしっかり理解し，誰がつくってもおいしい給食になるように，調理作業を標準化する必要がある（文部科学省「調理場における衛生管理＆調理技術マニュアル」参照）．

また，成長に応じた配食率を示したり，施設設備については，献立内容や食材，調理形態等に応じた調理器具の使用について指導・助言を行ったりするなど，大量調理の機器についても理解しておかなければならない．

④ 調理従事員の衛生，施設設備の衛生及び食品衛生の適正を期すための日常の点検及び指導

抵抗力が弱い児童生徒を対象とした学校給食は，安全・安心ではなくてはならない．栄養教諭は，学校給食衛生管理基準に基づく学校給食衛生管理責任者である．そのため，食中毒を起こさないように，調理従事員への衛生管理に関する指導力がきわめて重要となる．

日常点検や調理従事員の健康管理を行うとともに，学校給食衛生管理基準の内容を理解し，なぜ作業工程表や作業動線図が必要なのか，二次汚染を防ぐために何が大切なのか，科学的根拠に基づいた指示や行動ができるように資質能力を高める必要がある（p.44参照）．

⑤ 学校給食の安全と食事内容の向上を期すための検食の実施及び検査用保存食の管理

学校給食の安全性の確保と食事内容の向上のため，児童生徒が食する前に，必ず検食責任者による「検食」を実施する．異味異臭はないか，味や量は適切であるか，異物混入はないかなどを記録したものを保管しておく必要がある．また，保存食として，原材料及びできあがりの食材を50 g，−20 ℃以下で2週間保存し，記録・管理する．

⑥ 学校給食用物資の選定，購入及び保管への参画

学校給食用物資の選定については，栄養教諭が一人で行うのではなく，学校給食衛生管理基準に基づき，管理職や保護者も含めた物資選定委員会等の組織で行うことが求められている．

ヒスタミンを原因とする食中毒も発生しているが，これは物資選定や食材の保管状況に問題がある場合が多い．信頼のおける業者を選定し，安全な食品を適切な価格で購入できるように努める必要がある．また，食物アレルギー対応のため，加工食品については十分に内容組成を確認し，選定しなければならない．

以上のように，栄養教諭には専門性の高い学校給食の管理が求められている．さらには，異物混入防止や食物アレルギー対応等に対する危機管理の対応力や調理従事員への指導力およびコミュニケーション能力が求められている．

（3）食に関する指導と学校給食の管理の一体的な展開

栄養教諭は，食に関する指導の教材となるための学校給食の管理と，適切に栄養管理された給食を活用した食に関する指導の2つの職務を，同時に遂行することを主要な職務としている．栄養教諭は，2

つの職務を一体的に展開することにより，相乗効果を創出して大きな成果を上げている．

若い栄養教諭のなかには，児童生徒の興味を引く教材づくりが上手で，ICTを活用した授業実践等も円滑に行う一方，献立が立てられない，衛生管理指導ができないという者もいる．

栄養教諭は，食に関する指導と学校給食の管理とを両輪とする職務を一体的に遂行するものである．食に関する指導の実施においても，給食の管理を行っている栄養教諭だからこそできる効果的な指導を行い，児童生徒が「わかった！楽しい！また一緒に勉強がしたい！」と思うような授業展開を期待したい．

5 教員としての栄養教諭

栄養教諭は，学校教育法に「栄養教諭は，児童（生徒）の栄養の指導及び管理をつかさどる」と職務が示されている．

学校における食育を推進するためには，教員間において共通の課題意識をもち，連携して進めていくことが重要であり，教育のプロとして他の教員と対等な力を身に付ける必要がある．

優れた教師の条件

1．教職に対する強い情熱
　教師の仕事に対する使命感や誇り，子どもに対する愛情や責任感などである．
　また，教師は，変化の著しい社会や学校，子どもたちに適切に対応するため，常に学び続ける向上心を持つことも大切である．
2．教育の専門家としての確かな力量
　「教師は授業で勝負する」と言われるように，この力量が「教育のプロ」のプロたる所以である．この力量は，具体的には，子ども理解力，児童・生徒指導力，集団指導の力，学級作りの力，学習指導・授業作りの力，教材解釈の力などからなるものと言える．
3．総合的な人間力
　教師には，子どもたちの人格形成に関わる者として，豊かな人間性や社会性，常識と教養，礼儀作法をはじめ対人関係能力，コミュニケーション能力などの人格的資質を備えていることが求められる．また，教師は，他の教師や事務職員，栄養職員など，教職員全体と同僚として協力していくことが大切である．

（平成17年中央教育審議会答申『新しい時代の義務教育を創造する』）

（1）教員に求められる資質

2005（平成17）年10月の中央教育審議会答申『新しい時代の義務教育を創造する』において，いつの時代においても求められる優れた教師の条件として，左段の3つの要素が示された．

どの職業においても，自身の仕事に情熱をもち，その専門性を磨き，他の職員と連携して職務を推進していくことが求められるのは共通しているが，とくに教員は，子どもたちの教育をつかさどるため，質を高めることがきわめて重要である．

このため，2006（平成18）年，中央教育審議会答申『今後の教員育成・免許制度の在り方について』において，教職実践演習が必修科目として教職課程に位置付けられ，次の①〜④の4つの事項が求められている．そのうえで，栄養教諭は職務上管理栄養士・栄養士として，食に関する専門性を向上させることがきわめて重要なことから，本書では5項目目として⑤の「栄養の専門性に関する事項」を追加した．（p.2，p.86参照）

教員（栄養教諭）に求められる事項

① 使命感や責任感，教育的愛情等に関する事項
② 社会性や対人関係能力に関する事項
③ 幼児児童生徒理解や学級経営等に関する事項
④ 教科・保育内容等の指導力に関する事項
⑤ 栄養の専門性に関する事項

（2）生きる力をはぐくむために

わが国は，少子高齢化，高学歴化，格差の拡大とともに，グローバル化，情報化等の変化のスピードが高まっている．また，私たちは地震や洪水による災害や新型コロナウイルス感染拡大によって，社会基盤や価値観があっけなく根底から覆る事態を経験し学んできた．これからを生きる子どもたちには，義務教育において，自分で考えて行動し，自立した人間になるための基礎を培い，どのような時代にあっても幸福に，有意義な人生を過ごしてもらいたいと考える．

2016（平成28）年12月の中央教育審議会答申『幼稚園，小学校，中学校，高等学校及び特別支援学校の学習指導要領等の改善及び必要な方策について』（以下「平成28年中教審答申」という．）では，変化の激しい時代にあっても「生きる力」を子どもたちにはぐくむために，身に付けなければならない資

質・能力として，三つの柱を提言した.

2017（平成29）年3月に告示された学習指導要領においては，すべての教育活動においてこの三つの柱を目標とし，評価することが示された.

教育活動においての三つの柱

①「何を理解しているか，何ができるか（生きて働く「知識・技能」の習得）」
②「理解していること・できることをどう使うか（未知の状況にも対応できる「思考力・判断力・表現力等」の育成）」
③「どのように社会・世界と関わり，よりよい人生を送るか（学びを人生や社会に生かそうとする「学びに向かう力・人間性等」の涵養）」

（3）教員としての栄養教諭

栄養教諭が行う食に関する指導は，「児童生徒への個別的な相談指導」，「児童生徒への教科・特別活動における教育指導」，「食に関する教育指導の連携・調整」の3つが求められている（図1-2）.

この職務に軽重をつけることは適当ではないが，栄養教諭はすべての学校に配置されているのではなく，複数の単独調理校を兼務したり，共同調理場を兼務する栄養教諭にあっては多くの受配校を兼務したりする. このような配置状況から，栄養教諭がすべての食に関する指導を一人で担うのは物理的に困難であり，効果を得ることは難しい. 児童生徒の個々の実態を把握している担任教諭等と連携して，食に関する指導を進めることが効果的である.

① 食に関する指導の全体計画の作成（Plan）

栄養教諭は，各学校の食育推進組織において，教諭や養護教諭等と連携し，児童生徒がもつ健康や食に関する課題を明らかにしたうえで，食に関する指導の目標を設定する. その目標を達成するためには，給食の時間では何を指導するのか，教科等の食と関連する単元等では何を抽出するのか，個別指導の方針をどのように設定するのかなどを明確にして食に関する指導の全体計画を作成する（p.27参照）.

この職務を遂行するためには，学習指導要領や教科書で扱われている食に関する内容の理解とともに，社会性や対人関係能力が必要とされる.

② 児童生徒への教科・特別活動等における教育指導（Do）

栄養教諭が担任教諭や教科担任等と連携して，食の専門家ならではの授業を行うことで，児童生徒は驚きとともに納得し，興味・関心を高め，学びが深まっていく.

この職務においては，管理栄養士・栄養士としての力量はもとより，教科等の特性および単元や題材の目標の理解，教材選定や児童生徒理解力，授業力等，教育のプロとしての力量が求められる.

③ 食に関する個別的な相談指導（Do）

児童生徒の個々の実態を把握している担任教諭や健康に関する情報を管理している養護教諭等からの要請に基づき，「個別指導委員会等」において対象児童生徒を抽出し，問題の改善に向けた個別的な対応や相談指導を実施する. 栄養教諭と担任教諭や養護教諭，場合によっては主治医等，他職種との連携

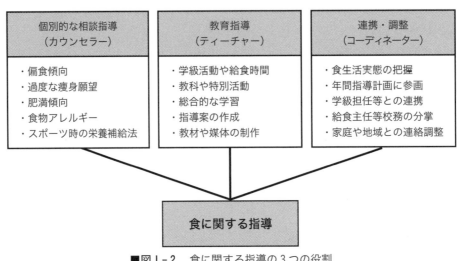

個別的な相談指導 （カウンセラー）	教育指導 （ティーチャー）	連携・調整 （コーディネーター）
・偏食傾向 ・過度な痩身願望 ・肥満傾向 ・食物アレルギー ・スポーツ時の栄養補給法	・学級活動や給食時間 ・教科や特別活動 ・総合的な学習 ・指導案の作成 ・教材や媒体の制作	・食生活実態の把握 ・年間指導計画に参画 ・学級担任等との連携 ・給食主任等校務の分掌 ・家庭や地域との連絡調整

食に関する指導

■図1-2　食に関する指導の3つの役割

が必要となる．さらに対象児童生徒および保護者からの信頼を得る必要があり，カウンセリングに関する能力や児童生徒理解力，他者と共働できる総合的な人間力が求められる．

食育推進状況については，評価項目を定め，計画 (Plan)，実践 (Do)，評価 (Check)，改善 (Action) の PDCA サイクルを回し，つねに検証することが大切である．

栄養教諭免許状は，2つの専門性で構成される．標準的な免許状の一種免許状には限りなく管理栄養士の資質が求められており，国家資格レベルの基礎資格が位置付けられた免許状は，他の教員免許状にはみられない．つねに誇りをもち，食に関することは何でも相談できると教諭たちから頼りにされる栄養教諭をめざしてほしい．

栄養教育実習

●A　栄養教育実習について●

1　栄養教育実習の法的根拠と位置付け

　教員は，教育職員免許法（以下「免許法」という．）により授与された免許状を有する者でなければならないことが，免許法第3条に規定してある．栄養教諭免許状については，免許法第5条に，「別表第2の2に定める基礎資格を有し，かつ，大学において別表第2の2に定める単位を修得した者に授与する」とある（表Ⅱ-1）．基礎資格とは，管理栄養士または栄養士の資格を意味する．

　栄養教諭の免許状は3種類あり，二種（準学士相当）は栄養士，一種（学士相当）は管理栄養士相当の単位修得，専修（修士相当）は管理栄養士の免許が基礎資格になっている．

　栄養教諭免許状の取得にあたっては，2016（平成28）年11月に免許法，2017（平成29）年11月に教職免許法施行規則が改正され，必要な教職課程科目が新たに示された（表Ⅱ-2）．このなかの第五欄の教育実践に関する科目として，「栄養教育実習」（2単位）が位置付けられている．これが栄養教育実習の単位を必ず修得しなければならない法的根拠である．

　栄養教育実習の実施内容については，2004（平成16）年文部科学省『栄養教諭制度の創設に係る学校教育法等の一部を改正する法律等の施行について』において，「栄養教育実習について想定される内容」として次のように示されている．

栄養教育実習について想定される具体的な内容

（別紙2）

（1）事前及び事後の指導（1単位）

○事前指導：栄養教育実習の意義や目的，心構えなどのほか，実習の評価の方法，実習後の提出物（実習ノートや指導案など），実習中の大学との連絡方法などについて指導等

○事後指導：実習の反省，問題点の整理，今後の課題の明確化等

（2）学校での実習（1単位）

○指導教諭等からの説明
　・学校経営
　・校務分掌の理解
　・服務等

○児童及び生徒への個別的な相談，指導の実習
　・指導，相談の場の参観，補助等

○児童及び生徒への教科・特別活動等における指導の実習
　・学級活動及び給食の時間における指導の参観，補助
　・教科等における教科担任等と連携した指導の参観，補助
　・給食放送指導，配膳指導，後片付け指導の参観，補助
　・児童生徒集会，委員会活動，クラブ活動における指導の参観，補助
　・指導計画案，指導案の立案作成，教材研究等

○食に関する指導の連携・調整の実習
　・校内における連携・調整（学級担任，研究授業の企画立案，校内研修等）の参観，補助
　・家庭・地域との連携・調整の参観，補助等

第一欄		第二欄	第三欄
所要資格		基礎資格	大学において修得することを必要とする栄養に係る教育及び教職に関する科目の最低単位数
免許状の種類			
栄養教諭	専修免許状	修士の学位を有すること及び栄養士法第2条第3項の規定により管理栄養士の免許を受けていること.	46
	一種免許状	学士の学位を有すること，かつ，栄養士法第2条第3項の規定により管理栄養士の免許を受けていること又は同法第5条の3第4号の規定により指定された管理栄養士養成施設の課程を修了し，同法第2条第1項の規定により栄養士の免許を受けていること.	22
	二種免許状	短期大学士の学位を有すること及び栄養士法第2条第1項の規定により栄養士の免許を受けていること.	14

備考
1　第二欄の「学士の学位を有すること」には，学校教育法第104条第2項に規定する文部科学大臣の定める学位（専門職大学を卒業した者に対して授与されるものに限る.）を有する場合又は文部科学大臣が学士の学位を有することと同等以上の資格を有すると認めた場合を含むものとする.
2　第三欄の「大学」には，文部科学大臣の指定する教員養成機関を含むものとする.

2　栄養教育実習の意義と目的

　栄養教育実習は，栄養教諭をめざしている学生が，大学等で学修した管理栄養士・栄養士としての専門性と教育者としての資質や力量が問われる機会となっている．教育者としての使命感・責任感と情熱をもって，実習に臨む必要がある．

　臨地・校外実習はおもに給食管理について行うが，栄養教育実習では，食に関する指導を中心に行う.

（1）栄養教育実習の意義
●学内で学んだ理論を実践的な検証を通して，児童生徒の理解や授業計画・準備とともに栄養教諭の職務について学ぶ.
●学内で研鑽してきた教員としての栄養教諭の資質能力の修得状況や適性を確認し判断する機会.

　栄養教育実習は，大学等の講義・演習等で学んださまざまな教育理論や栄養教育理論を，実践の場で生かすことができる重要な機会となる．つまり，小学校・中学校等における学校教育活動や栄養教諭の職務，給食の時間の指導，食に関する指導，児童生徒理解および授業づくり，教職員との連携のあり方等を実際に目で見て，体験し，これまでの学びを確認して実践することができる場である.

　また，教育実習生は，学生の身分でありながら，実習先の児童生徒からは「先生」としてみられる．一人一人が教員として児童生徒と関わるので，自覚

と責任をもち，言動や行動に十分注意しなければならない．栄養教育実習は，教育者となるための資質能力，適性を判断したり，栄養教諭を志望していくうえで自分に何が不足しているのか，卒業までに何を身に付けたらよいのかなど，課題を見つけるだけでなく，栄養教諭としての仕事のやりがいや充実感を経験する，きわめて重要な機会となる.

（2）栄養教育実習の目的
　栄養教育実習は，学生自身が目的意識をもたないまま実習に臨むと，何も得るものがなく終わってしまう．明確な目的意識をもって実習に臨みたい.

① 学校における教育活動全体を理解すること
　学校は，さまざまな職種の教職員によって運営され，全教職員が教育活動に関わっている．このことを栄養教諭として十分理解しておく必要がある．毎日，教職員がどのように動いているのか，日々の給食管理業務とのつながりはどのようになっているのか，全体像を見つめることにより，学校教育の流れを理解することが大切である.

② 栄養管理の実際と食に関する指導のコーディネーターとしての役割を理解すること
　栄養教諭の職務は「児童（生徒）の栄養の指導及び管理をつかさどる」ことである．食に関する指導の教材となる給食献立の作成等，どのように栄養管理が行われているか，また，食に関する指導のコーディネーターとして，校内の連携や家庭・地域との

■表Ⅱ-2　栄養教諭免許状の取得に必要な教職課程科目

教育職員免許法施行規則　第10条
教育職員免許法別表第2の2に規定する栄養教諭の普通免許状の授与を受ける場合の栄養に係る教育及び教職に関する科目の単位の修得方法は，次の表の定めるところによる.

第一欄		最低修得単位数						
		第二欄	第三欄					
栄養に係る教育及び教職に関する科目		栄養に係る教育に関する科目	教育の基礎的理解に関する科目					
右項の各科目に含めることが必要な事項			教育の理念並びに教育に関する歴史及び思想	教職の意義及び教員の役割・職務内容（チーム学校運営への対応を含む.）	教育に関する社会的, 制度的又は経営的事項（学校と地域との連携及び学校安全への対応を含む.）	幼児, 児童及び生徒の心身の発達及び学習の過程	特別の支援を必要とする幼児, 児童及び生徒に対する理解	教育課程の意義及び編成の方法（カリキュラム・マネジメントを含む.）
栄養教諭	専修免許状	4	8					
	一種免許状	4	8					
	二種免許状	2	5					

第一欄		最低修得単位数					
		第四欄			第五欄		第六欄
栄養に係る教育及び教職に関する科目		道徳, 総合的な学習の時間等の内容及び生徒指導, 教育相談等に関する科目			教育実践に関する科目		大学が独自に設定する科目
右項の各科目に含めることが必要な事項		道徳, 総合的な学習の時間及び特別活動に関する内容	教育の方法及び技術（情報機器及び教材の活用を含む.）	生徒指導の理論及び方法	教育相談（カウンセリングに関する基礎的な知識を含む.）の理論及び方法	栄養教育実習	教職実践演習	
栄養教諭	専修免許状	6			2	2	24
	一種免許状	6			2	2	
	二種免許状	3			2	2	

備考
1　栄養に係る教育に関する科目の単位の修得方法は，栄養教諭の役割及び職務内容に関する事項，幼児，児童及び生徒の栄養に係る課題に関する事項，食生活に関する歴史的及び文化的事項並びに食に関する指導の方法に関する事項を含む科目について，専修免許状又は一種免許状の授与を受ける場合にあっては4単位以上を，二種免許状の授与を受ける場合にあっては2単位以上を修得するものとする.
2　大学が独自に設定する科目の単位の修得方法は，栄養に係る教育に関する科目若しくは大学が加えるこれに準ずる科目（管理栄養士学校指定規則（昭和41年文部省・厚生省令第2号）別表第1に掲げる教育内容に係るものに限る.）又は養護教諭・栄養教諭の教育の基礎的理解に関する科目等のうち1以上の科目について単位を修得するものとする.

連携がどのように進められているのか，さらに，食に関する指導の全体計画における位置付け等，食育の推進を担う栄養教諭の役割を実際の活動を通して理解を深める必要がある．

③ 児童生徒との関わり方の実際について学ぶこと

栄養教諭が学級担任を行うことはないが，担任や児童生徒の動きを知ることは大切である．栄養教育実習では，担当する学級を決めて朝の会から帰りの会まで児童生徒と関わる．休み時間や給食の時間には，自分から児童生徒に声をかけたり，一緒に遊んだりすることで，児童生徒との距離が縮まり，食に関する指導をスムーズに行うことができる．特定の子どもとばかり話すのではなく，すべての子どもと平等に接することが大切である．

児童生徒との実際の関わりは，大学等では行うことができないため，栄養教育実習において体験し，児童生徒理解に努める必要がある．

④ 児童生徒の食に関する指導を行うために必要な専門技術を修得すること

栄養教育実習では，給食の時間における食に関する指導だけでなく，教科等において食に関する指導の「研究授業（査定授業）」を行う．大学等では，学生相手の模擬授業を経験するが，栄養教育実習では学級において実際の授業を行う．貴重な授業時間を使うのであるから，児童生徒にとって知識・理解が進み，行動変容を促すような効果的な授業でなくてはならない．そのためには事前の実態把握が必要であり，学級の実態や課題，学習状況等について，担任教諭から指導を受けたり，アンケート等により実態を把握したりしておくことが大切である．

また，指導案作成においては，指導教員（担任教諭・栄養教諭）等の授業を観察し，授業全体の流れや教材の使い方，発問の仕方，発言のさせ方，児童生徒への接し方等を学ぶ必要がある．学生であっても食の専門家としてみられるので，大学等での学びと実習校での学びとを統合させ，教材研究を十分に行って，授業に臨むことが大切である．

授業後は，授業研究会等で教員から指導・助言を受け，さらに専門的な技術を集積する．

⑤ 教育者としての使命感をもち，栄養教諭としての資質能力や適性を自覚すること

優れた教師の条件の1つに「教職に対する強い情熱」がある．つまり，教師の仕事に対する使命感や誇り，児童生徒に対する愛情や責任感をもっているかということである．栄養教諭も同様に，教員としての資質をもち，自分に課せられた仕事に責任をもって，子どもたちのためにやり抜こうとする意欲があるか，多様な子どもに愛情をもって平等に接することができるか，「人を育てる」教職（栄養教諭）の仕事に，やりがいを感じられるかどうか，自分を見つめ直す必要がある．

栄養教諭は，採用直後から給食現場の衛生管理や栄養管理の責任者として，安全で栄養バランスのとれたおいしい給食を提供しなければならない．また，教壇に立ち，児童生徒に食に関する指導を行うほか，学校・保護者・地域社会に対して教員としての責任を負うことになる．栄養教育実習を通して，その適性を検証することも目的の1つである．

3　栄養教育実習の形態と関わり方のポイント

栄養教育実習は，学校現場の教育実践を直接観察し，活動に参加し，実践する貴重な機会である．食に関する指導だけでなく，特別活動等の教育活動全般に積極的に参加し，児童生徒をしっかり観察して児童生徒理解に努め，それらを研究授業に役立てることが大切である．

栄養教育実習は，観察・参加・実習の3つの形態で構成されている．そのほか，校長をはじめ学校の管理職から多くの講話がある．その関わり方のポイントについてまとめる．

（1）観　察

観察は，授業観察と，授業以外の児童生徒の学校生活の観察に大別される．単に見るだけではなく，問題意識をもって積極的に取り組むことが大切である．実際に授業を観察するときには，何をどのように観察すればよいのかを事前に明確にしておく．授業観察のポイントを示す．

① 教員の働きかけ

・児童生徒の学習意欲を高めるために，どのような工夫をしているか．

・児童生徒の考えや意見をどのように引き出し（発問の仕方，指示の出し方），授業に取り入れ，展開しているか．

・机間指導は，どのようなタイミングで行っているか．

・声の大きさや抑揚等は，どのように工夫しているか．

・教員の視線は，児童生徒に対し，どのように変化しているか．

② 児童生徒の様子

・児童生徒は，どのような場面において意欲的に授業に参加しているか．

・授業に参加していない児童生徒がいないか．

③ 板書の仕方

・児童生徒の理解につなげるため，板書はどのように工夫されているか．

・児童生徒の思考に沿った板書の工夫が行われているか．

④ 時間配分

・導入，展開，終末の一連の授業の流れにおける時間配分はどのようにされているか．

⑤ 教材・教具

・児童生徒の学習意欲を高めるために，どのように教材・教具が工夫されているか．

・どのタイミングで，どのように教材が使用されているか．

・ICT は授業でどのように活用されているか．

　授業全体を通して，教員と児童生徒双方向のコミュニケーションをよく観察し，授業計画や準備を学び，実践につなげる．できれば，いろいろな授業を観察するとよい．

　授業観察後はすぐに，記録した授業の様子（授業者の発問や指示，児童生徒の反応，板書の内容，時間配分等）を実習録にまとめておく．また，授業者に御礼を述べ，その際に感想や疑問点があれば，積極的に質問をする．

　そのほか，授業時以外の児童生徒の活動も観察する．休み時間，給食の時間，掃除の時間には，授業時間と違った児童生徒の様子がみられるので，よく観察する．観察中に緊急を要する事象が発生した場合は，迅速に対応する．児童生徒の様子で気が付いたこと（よいことも悪いことも）は，指導教員等に必ず報告する．

（2）参　加

　指導教員が行う学校・学級の諸活動に補助的に参加する．活動では，児童生徒への働きかけを実際に行う．教員の仕事の内容を体験的に学び，児童生徒理解や授業実践力の向上を目的としている．体験に勝るものはなく，積極的に参加することが大切である．

（3）研究授業（査定授業）

　研究授業は，これまでの大学等での学びと実習校における観察や参加の体験等を生かして作成した学習指導案に基づいて，実習生が指導教員の指導のもとで，食に関する指導の授業を行うものである．授業を行うにあたってのポイントを示す．

① 児童生徒の実態把握

・学級の実態や課題，学習の習得状況等について，担任から指導を受けたり，アンケートをしたりして把握する．

② 教材研究

・入念な教材研究を行い，学習指導案を作成する．児童生徒の実態に沿うように教材・教具を工夫する．

・発問に対し，児童生徒がどのように答えるかをイメージしながら，児童生徒の思考を停止させないよう，全体の流れを考える．

・学校給食を生きた教材として効果的に活用する．

③ 授業の展開

・導入は，授業に対する意欲を喚起する部分であるため，児童生徒の興味がわくように工夫する．

・展開は，栄養教諭の専門性を生かす部分であるため，児童生徒が「さすが専門家．楽しい．わかった」と感じられるように授業を工夫する．

・終末は，授業のまとめである．本時の授業内容で最も伝えたかったことを再度確認する．とくに学級活動の授業においては，行動変容を図るための意思決定が重要である．そのため，ワークシートを工夫するとともに，意思決定したことを発表させる時間を設定するとよい．

④ 授業の改善

・授業を参観した教員から指導やアドバイスをもらったり，児童生徒の学習シートを参考にしたりしながら，理解度や意欲の状況を確認し，自身の授業の改善につなげる．

研究授業は，実習生にとって実際に授業を行うことができる貴重な時間である．また，児童生徒にとっても無駄にできない貴重な1時間であることから，児童生徒の行動変容につながる授業にしたいものである．授業前日に指導案をつくり上げても練り直す時間がないので，早めに計画的に学習指導案を作成し，指導教員に確認してもらう．そして研究授業の前に模擬授業等を行い，指導案を練り直すことが重要である．

（4）その他

観察・参加・実習のほかに，管理職等から学校運営，教育課程，生徒指導，健康教育，食育等について多くの講話を受ける時間がある．

指導者は，校務で忙しいなか，資料を準備して講話を行うので，メモをとりながら話を聞き，積極的に質問をするように心がけたい．講話終了後は，御礼を述べるとともに講話内容や所感を実習録にまとめ提出する．

●B　栄養教育実習の事前指導●

栄養教育実習は，学校教育についての理解を深め，児童生徒とともに活動することを通して，子どもの考えや行動を理解し，一人一人の個性を生かして育てる食に関する指導のあり方について実践的な学びを深めたい．そのためには，実習校の特性を知っておくことが重要である．

1　実習校の特性

（1）小学校

小学校は，「心身の発達に応じて，義務教育として行われる普通教育のうち基礎的なものを施すこと」（学校教育法第29条）とされている．また，学校教育法第30条には，この目的を達成するために，「生涯にわたり学習する基盤が培われるよう，基礎的な知識及び技能を習得させるとともに，これらを活用して課題を解決するために必要な思考力，判断力，表現力その他の能力をはぐくみ，主体的に学習に取り組む態度を養うことに，特に意を用いなければならない．」と示されている．

小学校には，満6〜12歳の児童が在学しており，修業年限は6年間である．基本的に，学級編成は1学級の児童数は40人以下（第1学年は35人以下）とされており，必要に応じて，複式学級（2つの学年の児童で編成）や特別支援学級を設置できることになっている．

小学校で児童に教育する内容は，「教育課程」として学校教育法施行規則で定められている．小学校の教育課程は，国語，社会（3〜6学年），算数，理科（3〜6学年），生活（1，2学年），音楽，図画工作，家庭（5，6学年），体育，外国語（5，6学年）の各教科と特別の教科 道徳，外国語活動（3，4学年），総合的な学習の時間（3〜6学年）と特別活動で構成され，標準授業時数が定められている．

小学校の授業は，1単位時間が45分であり，おもに学級担任が指導にあたっているが，教科によっては教科担任が指導している場合もある．

各学校，各学級では，この教育課程に基づいて日課運営および時程（時間割）が組まれている．小学校では，授業時間だけでなく，朝活動の時間や業間（大休憩），昼休み，給食の時間，清掃の時間等が計画されており，児童の学校生活を豊かにしている．

給食の時間は，特別活動の学級活動に位置付けられており，授業時間とは異なる児童の様子を観察できる重要な児童理解の時間である．実習時には，児童の発達段階（p.24，**表Ⅱ-6**）をふまえ，給食指導の補助を行いながら，児童理解に努める．

小学校の日課表の例を**表Ⅱ-3**に示す．

（2）中学校

中学校は「小学校における教育の基礎の上に，心身の発達に応じて，義務教育として行われる普通教育を施すこと」（学校教育法第45条）を目的としている．修業年限は3年間で，法令で特別の定めがある場合を除いて1学級の生徒数は40人以下とされている．

中学校の教育課程は，国語，社会，数学，理科，音楽，美術，保健体育，技術・家庭，外国語の各教科と特別の教科 道徳，総合的な学習の時間，特別活動で構成されている．中学校の授業は，1単位時間が50分である．中学校教育は教科指導が学習の中心となり，指導者も教科担当者となり，学習の内容が深まり，知的好奇心も高まる（中学生の発達段階はp.24，**表Ⅱ-6**参照）．

給食の時間は，小学校と同様に，特別活動の学級活動に位置付けられている．中学校の特徴としては，委員会活動等において生徒が主体的に活動できるよう，教員が指導・支援をしている．とくに，給食の準備や片付けにおいては，給食委員会が活発に活動しているので，よく観察する必要がある．

中学校の日課表の例を**表Ⅱ-4**に示す．

■表Ⅱ-3　日課表の例（小学校）

小学校　日課表	
朝 の 会	8：15 ～ 8：30
第1校時	8：30 ～ 9：15
第2校時	9：25 ～ 10：10
業　　間	10：10 ～ 10：30
第3校時	10：30 ～ 11：15
第4校時	11：25 ～ 12：10
給　　食	12：10 ～ 13：00
昼休み	13：00 ～ 13：30
清　　掃	13：30 ～ 13：50
第5校時	14：00 ～ 14：45
第6校時	14：55 ～ 15：40
帰りの会	15：40 ～ 15：55

■表Ⅱ-4　日課表の例（中学校）

中学校　日課表	
朝 活 動	8：15 ～ 8：25
朝 学 活	8：25 ～ 8：35
第1校時	8：45 ～ 9：35
第2校時	9：45 ～ 10：35
第3校時	10：45 ～ 11：35
第4校時	11：45 ～ 12：35
給　　食	12：35 ～ 13：20
昼休み	13：20 ～ 13：35
清　　掃	13：35 ～ 13：50
第5校時	14：00 ～ 14：50
第6校時	15：00 ～ 15：50
帰り学活	16：00 ～ 16：10

教育実習生による給食の時間の食に関する指導

教育実習生による食に関する指導の授業

小学校での栄養教育実習を終えて

　実習を通して児童との関わり方や授業の組み立て方，給食を食べてもらう工夫，食に関する指導の実際など，栄養教諭としてのやりがいや大変さを学び，栄養教諭への憧れやめざしたい気持ちが強くなった．

　また，教えるということがとても難しいことだと授業実践の準備を通して実感した．一方的に教えたいことを話すのではなく，児童の意見やつぶやきを取り入れたり，ペアやグループ活動など児童同士の学び合いの場をつくったりすることで，授業内容を深めることができることを学んだ．

小学校で実習した学生の実習録より

中学校での栄養教育実習を終えて

　実習を通して，栄養教諭として働く大変さとともにやりがいを感じることができ，とてもよい経験になった．

　授業をするための指導案作成や教材研究は大変難しく，第三者が見てわかるような文章，資料を作成する重要性を実感した．

　先生方は授業以外のところでの生徒との関わりを大切にされており，つねに生徒一人一人のことをよく観察することで生徒の性格を把握し，授業につなげていることを学ぶことができた．また，生徒たちとは，休み時間や放課後に部活動や趣味について会話をしたことで仲よくなることができた．初めは緊張して話しかけられずにいたが，短い時間で生徒と仲よくなるためには，自分から話しかけることが大切だと感じた．

中学校で実習した学生の実習録より

（3）特別支援学校

特別支援学校は，視覚，聴覚，知的，肢体不自由，または病弱（身体虚弱を含む）等の障害のある幼児児童生徒が通う学校で，幼稚部・小学部・中学部・高等部・高等部専攻科があり，自立や社会参加に向けて，一人一人の教育的ニーズを把握し，そのもてる力を高め，生活や学習上の困難を改善または克服するために適切な指導や必要な支援を行う学校である．また，地域の特別支援学校以外の学校に在籍する，障害を有する幼児児童生徒の教育に関する助言・支援にも関わるセンター的機能も担っている．

特別支援学校における食に関する指導は，一人一人の自立をめざし，生命の維持や健康状態の回復・保持・増進等，障害による学習上または生活上の困難を改善・克服するために必要な知識・技能，態度および習慣を養うための指導を展開している．

学校給食は，障害のある幼児児童生徒が将来自立し，社会参加するための基盤として，望ましい食習慣を身に付け，みずからの健康を自己管理する力や食品の安全性を判断する力等を身に付けるための「生きた教材」として活用される．また，給食の時間は，咀嚼や嚥下等の食べる機能の発達，食事に関する基本動作，コミュニケーション能力，情緒面等，心身の調和的発達を促す大切な場である．

栄養教諭は，「児童（生徒）の栄養の指導及び管理をつかさどる」教員として，その専門性を生かし，学校給食の栄養管理，献立計画，給食だよりの提供，授業等を通じて，幼児児童生徒に食事の楽しさ，豊かさ，大切さ等を学ばせるとともに，個別の食に関する指導や健康状態の維持管理等について，指導や助言を行う．さらに，個々の状況に合わせた給食の内容（食形態，食器具等）の提供を行う．

① 自立活動と個別の指導計画

「自立活動」の時間は，特別支援教育の特徴的な教育活動で，障害による学習上または生活上の困難を主体的に改善・克服するため「個別の指導計画」に基づき，個に応じた指導が展開される．

食に関わる指導の場合には，幼児児童生徒一人一人の障害の状態や発達の程度（食べる機能の発達の状況を含む），食形態，食行動，食習慣，生育歴等を十分に把握し，具体的な「食に関する個別の指導目標」を設定している．また，特別支援学校の在籍期間をふまえて，長期的な見通しをもった目標の設定とともに，題材や時間のまとまりといった短期的な観点に立った目標が定められている．

栄養教諭は食の専門家として，指導や助言だけではなく，教材・教具や資料の提供を行い，給食を教材として扱うときには，衛生面等に配慮している．

② 生きた学習の場としての給食の時間

給食は生活自立に結びつく教材として，繰り返し学習できる機会である．なお，食器具の操作技能の獲得（図II-1）には，一人一人のからだに合ったものを選ぶなどの食環境の整備も重要である．

また，小・中学校の給食と同様に，生きた教材として，旬のえんどう豆の皮むき体験，地域の行事給食，バイキング給食，交流給食，招待給食（生産者等），お弁当給食，防災給食，だしを味わう和食体験等，多彩な給食を提供している．

給食を体験的な食に関する指導の題材とする場合には，給食当日に食べるだけの取組ではなく，事前に繰り返し練習する場合がある．たとえば，「テーブルマナー体験をしよう」（図II-2）という題材では，給食当日までに，マナーの大切さや食べる人と給仕する人とのコミュニケーションについて学ぶとともに，紙粘土でつくった料理の模型でナイフ・フォークの使い方を繰り返し練習するなど，取組当日の給食につなげるようにする．

③ 主体的に取り組むための工夫

給食の準備・会食・後片付けといった一連の実践活動や当番・委員会活動は，障害の状況や自主性を考慮しながら，できるところから少しずつ取り組んでいる．

そのためには，幼児児童生徒が見通しをもって主体的に取り組めるような環境の整備が必要である．たとえば，準備や後片付けの手順表や返却場所の写真など，視覚に訴える表示の工夫が行われている．

④ 摂食機能の発達に合わせた食事

食べる機能の発達に合った食事の提供が誤嚥等の事故を防ぎ，安全な喫食につながることから，医師や歯科医師等の外部専門家に相談し，家庭での状況もふまえ，大きさ，やわらかさ，とろみ等，発達機能に適した段階に調整した食事を提供している．これは，発達期の摂食機能の獲得をめざすものである（表II-5）．

■図Ⅱ-1　傾斜碗とスプーンを使った食事

■図Ⅱ-2　テーブルマナー体験の様子

■表Ⅱ-5　摂食機能に適した食形態の例

	形 状	咀嚼機能の発達の目安
初期食	なめらかにすりつぶした状態 例：ヨーグルト	口に入った食べ物を嚥下反射が出る位置まで送ることを覚える
中期食	舌でつぶせるかたさ 例：プリン，煮かぼちゃ	口の前の方を使って食べ物を取り込み，舌と上あごでつぶしていく動きを覚える
後期食	歯ぐきでつぶせるかたさ 例：よく煮込んだ野菜，軟らかいひき肉料理	舌とあごでつぶせないものを，歯ぐきでつぶすことを覚える

■図Ⅱ-3　食材の触察の様子
たっぷりと触って形や大きさを確かめる

■図Ⅱ-4　色のコントラストを考慮した食器の例

⑤ 個に応じた支援や指導の例

◆視覚障害

　視覚からの情報不足により，食に関する経験が少ないことがある．給食は，食の情報を得るよい機会となる．たとえば，給食に使われる食材の実物を用意し，よく触って形や大きさ，匂い等を知ることができる（図Ⅱ-3）．また，提供された料理がイメージしやすいように，食材や調理方法がわかるような料理名（例：ほうれん草としめじのごま和え）にし，食材や料理の情報を一口メモ等として，点字や拡大文字により配布する．また，その資料を朝の会や朝礼等で発表する．

　食器具は，幼児児童生徒が認識しやすいものを選ぶことが重要で，ごはん茶碗と汁椀の違いを明確にするため，大きさや手触りが違うものにしたり，ごはん粒がみえやすいように，ごはん茶碗，箸，しゃもじ，ごはん用のおひつ等は，黒色かそれに準ずる色にして，白色とのコントラストをつけるようにする（図Ⅱ-4）．

　また，全盲の幼児児童生徒には，教員と一緒に直接手をあてて，配膳盆のなかの料理の配置を知らせることや時計の文字盤の配置に見立てた「クロックポジション」（図Ⅱ-4）で説明をする．

◆聴覚障害

　複雑な言い回しや抽象的な言葉の理解が難しいため，さまざまなコミュニケーション方法（手話，指文字，口話，聴覚活用等）に視覚的な補助教材（絵や写真）を活用しながら，情報を伝わりやすくする．また，二次的な障害として，獲得している語彙が少ない場合には，言葉に対するイメージがわかりにくいことがある．その日の給食と使用されている食材の絵カード等をマッチングさせながら語彙の獲得を

図ったり，甘い，辛い，酸っぱいなどの言葉と実際の味覚とを結びつけたりしながら学ばせる．

◆食へのこだわり

幼児児童生徒に食に関する強いこだわりのある場合は，特定の食品しか食べられないことがある．食べられる食品や料理を増やしていけるように支援していく．しかし，食べることがストレスにならないように留意する．

⑥ 実習校で学んでほしいこと

・給食がどのように食に関する指導と関連しているか，また，安全で安心な給食を提供するためにどのように運営されているか．

・特別支援学校では，自分のことは自分でする仕掛けを工夫し，幼児児童生徒が個々に必要な体験ができるように指導している．実習校で行われている工夫を確認し，取り組んでいる幼児児童生徒の様子を見守り観察する．

⑦ 実習校での留意点

・幼児児童生徒のなかには，はじめて会う人と接することが苦手な子どももいるので，事前に指導教員に接し方や声のかけ方の注意点を尋ねておく．

・給食の時間に，幼児児童生徒が会話に夢中になって食事に集中できないことがある．落ち着いて食事ができるよう見守る．

・食物アレルギー対応食等，個別の食事が配食されていることがあるので，対象者の食事内容を確認し，渡すようにする．

▌ 2 　学校と児童生徒の理解

（1）学校理解

栄養教育実習では，実習校の学校経営方針，特色ある教育活動を実施するための組織体制を学ぶ．

実習生は，校長を中心とした管理職が，学校を組織として効果的に運営するために，学校経営の基本方針や計画をどのように示しているかを，講話や自身の観察を通して理解する．

特色ある教育活動とは，それぞれの学校で研究テーマを設けて取り組んでいる活動のことである．たとえば，教育課程や健康教育，食育等テーマはさまざまであるが，その内容や実習校での位置付けを学び，さらに学校評価等を知ることで，実習校の特徴を知ることができる．

組織体制は，実習校の教職員の校務分掌である．それぞれの仕事の役割と責任を果たすために，教職員が取り組む姿を観察したり，参加したりすることで，組織体制への理解を深めることができる．チーム学校として，教職員がどのような課題に，どのような専門性をもつ学校内外の人材と連携・協力して対応しているのか，栄養教育実習だからこそ学べることである．

食に関する指導の全体計画の作成や食に関する指導の中心的な役割を担う栄養教諭にとって，学校理解は大変重要である．

（2）児童生徒理解

教育が成果を上げるための大前提の1つは，児童生徒理解である．児童生徒はそれぞれ違った能力・適性・興味・関心等をもっているので，さまざまな角度から観察し，総合的に理解していくことが重要である（表Ⅱ-6）．

基本的な姿勢としては，まず教員が，児童生徒一人一人を理解しようとすることである．そのため，日ごろから学級担任等は，授業中だけでなく，給食の時間や清掃の時間，休み時間等に児童生徒を観察したり，必要に応じて面談をしたりしながら，児童生徒理解に努めている．しかし，一人の視点だけではなく，他の教職員（とくに栄養教諭や養護教諭等）からの情報によって，学級担任が気付かなかった児童生徒の家庭の問題や長所等を発見することも多い．情報交換を密に行い，広い視野から児童生徒理解に努めることが大切である．

児童生徒理解のおもな留意点として，次の3点があげられる．

・児童生徒の何を見るのかを意識する．

・教師から一人一人の児童生徒に寄り添う．

・児童生徒が相談しやすい雰囲気をつくる．

栄養教育実習においても，児童生徒の発達段階を理解し，一人一人のよさを発見できるよう，観察をしたり，ふれあったり，ともに学校生活を過ごすことで，児童生徒の理解に努めたい．

■表II-6 子どもの発達段階に応じた支援の必要性

	子どもの発達段階ごとの特徴
低学年	「大人が『いけない』と言うことは，してはならない」といったように，大人の言うことを守る中で，善悪についての理解と判断ができるようになる．また，言語能力や認識力も高まり，自然等への関心が増える時期である．
高学年	物事をある程度対象化して認識することができるようになる．対象との間に距離をおいた分析ができるようになり，知的な活動においてもより分化した追究が可能となる．自分のことも客観的にとらえられるようになる．一方，発達の個人差も大きく見られることから，自己に対する肯定的な意識を持てず，自尊感情の低下などにより劣等感を持ちやすくなる時期でもある． また，集団の規則を理解して，集団活動に主体的に関与したり，遊びなどでは自分たちで決まりを作り，ルールを守るようになる．この時期は，ギャングエイジとも言われ，閉鎖的な子どもの仲間集団が発生し，付和雷同的*な行動が見られる場合もある．
中学校	この時期は，思春期に入り，親や友達と異なる自分独自の内面の世界があることに気づきはじめるとともに，自意識と客観的事実との違いに悩み，様々な葛藤のなかで，自らの生き方を模索しはじめる時期である． 大人との関係よりも，友人関係に自らへの強い意味を見いだす．さらに，親に対する反抗期を迎えたり，親子のコミュニケーションが不足しがちな時期でもあり，思春期特有の課題が現れる．また，仲間同士の評価を強く意識する反面，他者との交流に消極的な傾向も見られる．性意識が高まり，異性への興味関心も高まる時期でもある．

*付和雷同的：自分のしっかりとした主張もないのに，安易に他人の意見に賛同してしまうこと

（文部科学省：子どもの徳育の充実に向けた在り方について（報告），平成21年）

3 食に関する指導

実習校（小・中学校および特別支援学校）では，食に関する指導がどのような法的根拠に基づいて行われているのか，また，教職員がどのように共通理解を図り，計画的・継続的に食に関する指導を進めているのかを，実習生自身の目で確かめ，体験し，大学等での学びとその実際を融合させ，確かなものにすることをめざす．

学校における食に関する指導は，学習指導要領に基づき，食に関する指導の全体計画（以下「全体計画」という．）に沿って，給食の時間や教科等および個別的な相談指導が行われている．

（1）学習指導要領と食に関する指導

学習指導要領は，全国のどの地域でも，児童生徒が一定の水準の教育を受けられるようにするため，学校教育法に基づいて文部科学省が定める「教育課程」の基準であり，各教科等の目標や指導すべき内容等を示したものである．

各学校においては，学校教育の目的や目標を達成するため，学習指導要領に基づき，また，その記述をより具体的に説明した教科等別の「解説」をふまえて，地域の実情や児童生徒の実態に即して「教育課程」が編成され，年間指導計画や授業ごとの学習指導案等が作成されている．

2017（平成29）年3月に告示された学習指導要領では，平成28年中教審答申をふまえ，児童生徒に変化の激しい社会を生きるために必要な「生きる力」をはぐくむため，子どもたちが「何ができるようになるか」を重視する視点が示されている．

そのため，すべての教科等の目標や内容が「知識・技能（何を理解しているか，何ができるか）」，「思考力・判断力・表現力等（理解していること・できることをどう使うか）」，「学びに向かう力・人間性等（どのように社会・世界と関わり，よりよい人生を送るか）」の三つの柱に沿って示されている．

さらに「主体的・対話的で深い学び」の実現に向けた授業改善をめざしている．

授業改善にあたっては，学習の内容と方法の両方を重視し，子どもの学びの過程を質的に高めていくことが求められている．単元や題材のまとまりのなかで，子どもたちが「何ができるようになるか」を明確にしながら，「何を学ぶか」という学習内容と，「どのように学ぶか」という学びの過程を組み立てていくことが重要である．

子どもたちは，主体的に，対話的に，深く学んでいくことによって，学習内容を人生や社会のあり方と結びつけて深く理解したり，未来を切り拓くために必要な資質能力を身に付けたり，生涯にわたって能動的に学び続けたりすることができる．こうした学びの質に着目して，授業改善の取組を活性化しようというのが，今回の学習指導要領がめざすところであり，教員に求められていることである．

食に関する指導については，平成28年中教審答申の「現代的な諸課題に対応して求められる資質・能力と教育課程」のなかで「健康・安全・食に関わる資質・能力」に，食に関する資質・能力の考え方が次のように整理された．

健康・安全・食に関わる資質・能力

健康・安全・食に関わる資質・能力を，「知識・技能」，「思考力・判断力・表現力等」，「学びに向かう力・人間性等」の三つの柱に沿って整理すると，以下のようになると考えられる．

（知識・技能）

様々な健康課題，自然災害や事件・事故等の危険性，健康・安全な社会づくりの意義を理解し，健康で安全な生活や健全な食生活を実現するために必要な知識や技能を身に付けていること．

（思考力・判断力・表現力等）

自らの健康や食，安全の状況を適切に評価するとともに，必要な情報を収集し，健康で安全な生活や健全な食生活を実現するために何が必要かを考え，適切に意思決定し，行動するために必要な力を身に付けていること．

（学びに向かう力・人間性等）

健康や食，安全に関する様々な課題に関心を持ち，主体的に，自他の健康で安全な生活や健全な食生活を実現しようとしたり，健康・安全で安心な社会づくりに貢献しようとしたりする態度を身に付けていること．

（平成28年中央教育審議会答申『幼稚園，小学校，中学校，高等学校及び特別支援学校の学習指導要領等の改善及び必要な方策等について』別紙4）

食に関する課題には，子どもたちの食を取り巻く社会環境が変化し，栄養摂取の偏りや朝食欠食といった食習慣の乱れ等に起因する肥満や生活習慣病，食物アレルギー等の健康課題がみられるほか，食品の安全性の確保や食料自給率，食品ロス等の問題が顕在化している．

生涯にわたって健康で安全な生活や健全な食生活を送るためには，必要な情報をみずから収集し，適切な意思決定や行動選択を行うことができる力を，子どもたち一人一人にはぐくむことが強く求められている．

学習指導要領における「学校における食育の推進」の位置付けについては，2009（平成21）年3月告示の学習指導要領にはじめて明記されたが，今回の小学校（中学校）学習指導要領においても，第1章総則に，児童生徒の発達の段階を考慮して，学校の教育活動全体を通じて行うことや，教科等の特質に応じて適切に行うことなどが規定されている．

学習指導要領総則

第1章　総則

第1 小学校（中学校）教育の基本と教育課程の役割

2（3）学校における体育・健康に関する指導を，児童（生徒）の発達の段階を考慮して，学校の教育活動全体を通じて適切に行うことにより，健康で安全な生活と豊かなスポーツライフの実現を目指した教育の充実に努めること．特に，学校における食育の推進並びに体力の向上に関する指導，安全に関する指導及び心身の健康の保持増進に関する指導については，体育科（保健体育科），家庭科（技術・家庭科）及び特別活動の時間はもとより，各教科，道徳科，〈外国語活動〉及び総合的な学習の時間などにおいてもそれぞれの特質に応じて適切に行うよう努めること．また，それらの指導を通して，家庭や地域社会との連携を図りながら，日常生活において適切な体育・健康に関する活動の実践を促し，生涯を通じて健康・安全で活力ある生活を送るための基礎が培われるよう配慮すること．

※（　）内は中学校，〈　〉内は小学校のみの記載

小学校（中学校）学習指導要領解説の総則編では，「食に関する指導に当たっては，体育科（保健体育科）における望ましい生活習慣の育成や，家庭科（技術・家庭科）における食生活に関する指導，特別活動における給食の時間を中心とした指導などを相互に関連させながら，学校の教育活動全体として効果的に取り組むことが重要であり，栄養教諭等の専門性を生かすなど教師間の連携に努めるとともに，地域の産物を学校給食に使用するなどの創意工夫を行いつつ，学校給食の教育的効果を引き出すよう取り組むことが重要である．」としている．

食に関連する各教科等のうち，小学校（中学校）学習指導要領における体育科（保健体育科），家庭科（技術・家庭科），特別活動のおもな内容を次に示す．

〈小学校〉

第2章　各教科　第8節　家庭

〔第5学年及び第6学年〕

B　衣食住の生活

(1)　食事の役割

ア　食事の役割が分かり，日常の食事の大切さと食事の仕方について理解すること．

イ　楽しく食べるために日常の食事の仕方を考え，工夫すること．

(2)　調理の基礎

ア　次のような知識及び技能を身に付けること．

　(ア)　調理に必要な材料の分量や手順が分かり，調理計画について理解すること．

　(イ)　調理に必要な用具や食器の安全で衛生的な取扱い及び加熱用調理器具の安全な取扱いについて理解し，適切に使用できること．

　(ウ)　材料に応じた洗い方，調理に適した切り方，味の付け方，盛り付け，配膳及び後片付けを理解し，適切にできること．

　(エ)　材料に適したゆで方，いため方を理解し，適切にできること．

　(オ)　伝統的な日常食である米飯及びみそ汁の調理の仕方を理解し，適切にできること．

イ　おいしく食べるために調理計画を考え，調理の仕方を工夫すること．

(3)　栄養を考えた食事

ア　次のような知識を身に付けること．

　(ア)　体に必要な栄養素の種類と主な働きについて理解すること．

　(イ)　食品の栄養的な特徴が分かり，料理や食品を組み合わせてとる必要があることを理解すること．

　(ウ)　献立を構成する要素が分かり，1食分の献立作成の方法について理解すること．

イ　1食分の献立について栄養のバランスを考え，工夫すること．

2　内容の取扱い

エ　食に関する指導については，家庭科の特質に応じて，食育の充実に資するよう配慮すること．また，第4学年までの食に関する学習との関連を図ること．

第9節　体育

〔第3学年及び第4学年〕

G　保健

(1)　健康な生活について，課題を見付け，その解決を目指した活動を通して，次の事項を身に付けることができるよう指導する．

ア　健康な生活について理解すること．

　(ア)　心や体の調子がよいなどの健康の状態は，主体の要因や周囲の環境の要因が関わっていること．

　(イ)　毎日を健康に過ごすには，運動，食事，休養及び睡眠の調和のとれた生活を続けること，また，体の清潔を保つことなどが必要であること．

イ　健康な生活について課題を見付け，その解決に向けて考え，それを表現すること．

〔第5学年及び第6学年〕

G　保健

(3)　病気の予防について，課題を見付け，その解決を目指した活動を通して，次の事項を身に付けることができるよう指導する．

ア　病気の予防について理解すること．

　(ウ)　生活習慣病など生活行動が主な要因となって起こる病気の予防には，適切な運動，栄養の偏りのない食事をとること，口腔の衛生を保つことなど，望ましい生活習慣を身に付ける必要があること．

イ　病気を予防するために，課題を見付け，その解決に向けて思考し判断するとともに，それらを表現すること．

第3　指導計画の作成と内容の取扱い

(10)　保健の内容のうち運動，食事，休養及び睡眠については，食育の観点も踏まえつつ，健康的な生活習慣の形成に結び付くよう配慮するとともに，保健を除く第3学年以上の各領域及び学校給食に関する指導においても関連した指導を行うようにすること．

第6章　特別活動〔学級活動〕

(2)　日常の生活や学習への適応と自己の成長及び健康安全

エ　食育の観点を踏まえた学校給食と望ましい食習慣の形成

　給食の時間を中心としながら，健康によい食事のとり方など，望ましい食習慣の形成を図るとともに，食事を通して人間関係をよりよくすること．

〈中学校〉

第2章　各教科　第7節　保健体育

〔保健分野〕

(1)　健康な生活と疾病の予防について，課題を発見し，その解決を目指した活動を通して，次の事項を身に付けることができるよう指導する．

ア　健康な生活と疾病の予防について理解を深めること．

　(イ)　健康の保持増進には，年齢，生活環境等に応じた運動，食事，休養及び睡眠の調和のとれた生活を続ける必要があること．

　(ウ)　生活習慣病などは，運動不足，食事の量や質の偏り，休養や睡眠の不足などの生活習慣の乱れが主な要因となって起こること．また，生活習慣病などの

多くは，適切な運動，食事，休養及び睡眠の調和の
とれた生活を実践することによって予防できるこ
と．
　3　内容の取扱い
（3）　内容の（1）のアの(イ)及び(ウ)については，食育の観
　点も踏まえつつ健康的な生活習慣の形成に結び付くよ
　うに配慮するとともに，必要に応じて，コンピュータ
　などの情報機器の使用と健康との関わりについて取り
　扱うことにも配慮するものとする．

第8節　技術・家庭
〔家庭分野〕
B　衣食住の生活
（1）　食事の役割と中学生の栄養の特徴
ア　次のような知識を身に付けること．
　(ア)　生活の中で食事が果たす役割について理解するこ
　　と．
　(イ)　中学生に必要な栄養の特徴が分かり，健康によい
　　食習慣について理解すること．
イ　健康によい食習慣について考え，工夫すること．
（2）　中学生に必要な栄養を満たす食事
ア　次のような知識を身に付けること．
　(ア)　栄養素の種類と働きが分かり，食品の栄養的な特
　　質について理解すること．
　(イ)　中学生の1日に必要な食品の種類と概量が分か
　　り，1日分の献立作成の方法について理解するこ
　　と．
イ　中学生の1日分の献立について考え，工夫するこ

と．
（3）　日常食の調理と地域の食文化
ア　次のような知識及び技能を身に付けること．
　(ア)　日常生活と関連付け，用途に応じた食品の選択に
　　ついて理解し，適切にできること．
　(イ)　食品や調理用具等の安全と衛生に留意した管理に
　　ついて理解し，適切にできること．
　(ウ)　材料に適した加熱調理の仕方について理解し，基
　　礎的な日常食の調理が適切にできること．
　(エ)　地域の食文化について理解し，地域の食材を用い
　　た和食の調理が適切にできること．
イ　日常の1食分の調理について，食品の選択や調理の
　仕方，調理計画を考え，工夫すること．
　3　内容の取扱い
（3）　内容の「B衣食住の生活」については，次のとお
　り取り扱うものとする．
オ　食に関する指導については，技術・家庭科の特質に
　応じて，食育の充実に資するよう配慮すること．

第5章　特別活動〔学級活動〕
（2）　日常の生活や学習への適応と自己の成長及び健康
　安全
オ　食育の視点を踏まえた学校給食と望ましい食習慣の
　形成
　　給食の時間を中心としながら，成長や健康管理を意識
　するなど，望ましい食習慣の形成を図るとともに，食を
　通して人間関係をよりよくすること．

（学習指導要領（平成29年告示）より抜粋）

（2）　食に関する指導の全体計画の作成

　学校において，児童生徒の食に関する資質能力の
育成をめざすためには，食に関する指導を学校の教
育活動全体で取り組むことが必要である．

　そのため，児童生徒や家庭，地域の実態を適切に
把握し，学校教育目標を実現する観点から食に関す
る指導の目標を設定する．食に関する指導の内容に
ついては，それぞれの教科等における食に関連する
内容や，教科等間の関連性を明らかにし，必要な教
育内容等を教科等横断的視点で組み立て，全教職員
で組織的に実施できる体制を構築する必要がある．
さらに，その実施状況を評価し，改善を図ることが
求められている．

　そして，家庭，地域と連携し，学校全体で食育を
組織的，計画的に推進するための計画が全体計画で
ある．

①　全体計画の位置付け
　学校給食法第10条には，全体計画を各学校で作成
する必要性や校長等の役割が規定されている（p.7
参照）．

　また，今回の小学校（中学校）学習指導要領の総
則には，学校運営上の留意事項に，教育課程の編成
および実施にあたり，食に関する指導の全体計画等
と関連付けることが規定されている（p.25）．
②　食に関する指導の目標と食育の視点
　平成28年中教審答申で示された「健康・安全・食
に関わる資質・能力」の考え方（p.25）をふまえ，
2019（平成31）年3月に改訂された「食に関する指
導の手引－第二次改訂版－」において，「食育の六
つの視点」が盛り込まれた「食に関する指導の目標」
が示された．

食育の六つの視点

○ 食事の重要性，食事の喜び，楽しさを理解する．（食事の重要性）

○ 心身の成長や健康の保持増進の上で望ましい栄養や食事のとり方を理解し，自ら管理していく能力を身に付ける．（心身の健康）

○ 正しい知識・情報に基づいて，食品の品質及び安全性等について自ら判断できる能力を身に付ける．（食品を選択する能力）

○ 食べ物を大事にし，食料の生産等に関わる人々へ感謝する心をもつ．（感謝の心）

○ 食事のマナーや食事を通じた人間関係形成能力を身に付ける．（社会性）

○ 各地域の産物，食文化や食に関わる歴史等を理解し，尊重する心をもつ．（食文化）

（文部科学省：食に関する指導の手引
－第二次改訂版－，平成31年3月）

食に関する指導の目標

知識・技能
　食事の重要性や栄養バランス，食文化等についての理解を図り，健康で健全な食生活に関する知識や技能を身に付けるようにする．
思考力・判断力・表現力等
　食生活や食の選択について，正しい知識・情報に基づき，自ら管理したり判断したりできる能力を養う．
学びに向かう力・人間性等
　主体的に，自他の健康な食生活を実現しようとし，食や食文化，食料の生産等に関わる人々に対して感謝する心を育み，食事のマナーや食事を通じた人間関係形成能力を養う．

（文部科学省：食に関する指導の手引
－第二次改訂版－，平成31年3月）

③ 食育推進体制の整備

　各学校においては，全校体制で組織的に食育を推進するため，全体計画をはじめ，食育・学校給食に関する各種計画の策定および進行管理する委員会を設置する必要がある．栄養教諭は組織の中心となって運営に関わり，学級担任や教科担任等と連携を図り，全体計画の原案を作成する．

④ 全体計画の作成手順（図Ⅱ-5，6参照）

❶ 実態把握
・各種調査結果や観察等に基づき，児童生徒の実態把握（体力および学力の状況，健康状態や体格，食習慣等）
・学校評価等から保護者・地域の実態把握および食育の取組状況の把握

❷ 評価指標の設定
・児童生徒の実態把握から観点ごとに課題を整理し，評価指標および目標値を設定

❸ 食に関する指導の目標設定
・学習指導要領や食育基本法の趣旨，食育推進基本計画，各自治体の食育推進計画等の指標，教育委員会の方針や目標等をふまえ，食に関する指導の目標となる内容を整理
・学校教育目標を実現する観点から，育成をめざす児童生徒の姿として，資質・能力の三つの柱（「知識・技能」，「思考力・判断力・表現力等」，「学びに向かう力・人間性等」）に，六つの食育の視点を位置付け，学校の食に関する指導の目標を設定
・学校の目標に基づき，各学年の児童生徒の実態や発達の段階（学習指導要領および食に関する指導の手引等を参照）等を考慮して，学年ごとの目標を設定

❹ 教科等における食に関する指導の取組内容の検討
・自校の教育課程，学習指導要領の指導内容，使用している教科書の内容をもとに，関連する教科等の指導事項を抽出
・抽出した指導事項を学年ごとに整理，教科等横断的視点から実施時期，時数等を検討し，自校の教育課程と調整

❺ 給食の時間における食に関する指導の取組内容の検討
・給食指導と食に関する指導の指導内容
・学校給食の献立計画

❻ 個別的な相談指導の検討・調整
・方針および指導体制
・具体的な取組内容と時期

❼ 幼稚園・保育所・幼保連携型認定こども園と小学校および小学校と中学校の連携・調整
・連携に関する方針等

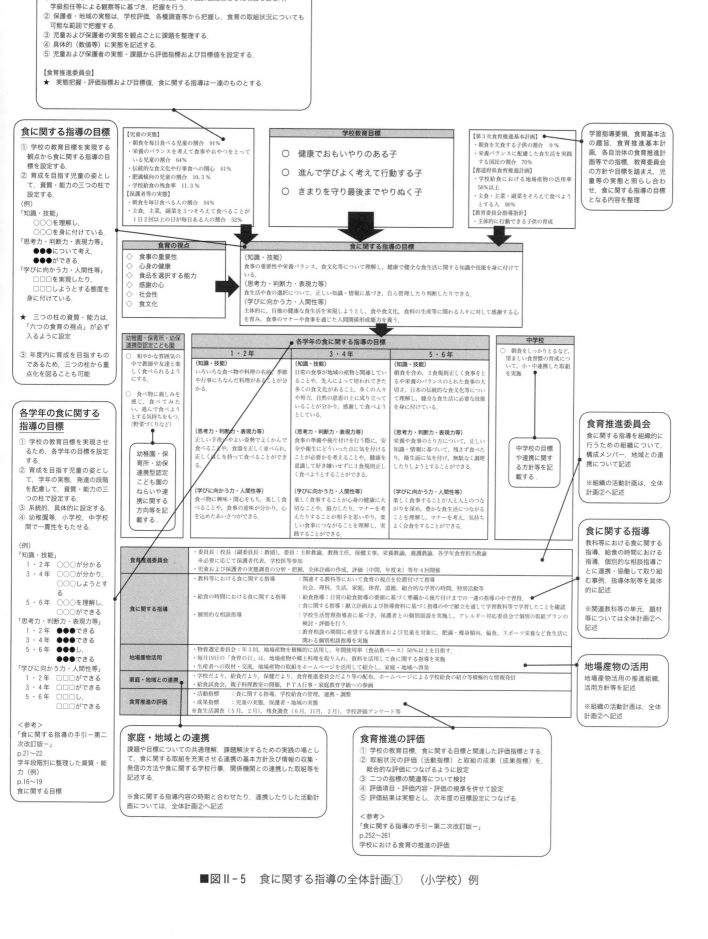

児童および保護者等の実態

① 児童の実態は，各種調査結果（既存の調査，前年度評価指標とした項目を含む．），学級担任等による観察等に基づき，把握を行う．
② 保護者・地域の実態は，学校評価，各種調査等から把握し，食育の取組状況についても可能な範囲で把握する．
③ 児童および保護者等の実態を観点ごとに課題を整理する．
④ 具体的（数値等）に実態を記述する．
⑤ 児童および保護者の実態・課題から評価指標および目標値を設定する．

【食育推進委員会】
★ 実態把握・評価指標および目標値，食に関する指導は一連のものとする．

食に関する指導の目標

① 学校の教育目標を実現する観点から食に関する指導の目標を設定する．
② 育成を目指す児童の姿として，資質・能力の三つの柱で設定する．
（例）
「知識・技能」
　○○○を理解し，
　○○○を身に付けている．
「思考力・判断力・表現力等」
　●●●について考え，
　●●●ができる．
「学びに向かう力・人間性等」
　□□□を実現したり，
　□□□しようとする態度を身に付けている．

★ 三つの柱の資質・能力は，「六つの食育の視点」が必ず入るように設定

③ 年度内に育成を目指すものであるため，三つの柱から重点化を図ることも可能

各学年の食に関する指導の目標

① 学校の教育目標を実現させるため，各学年の目標を設定する．
② 育成を目指す児童の姿として，学年の実態，発達の段階を配慮して，資質・能力の三つの柱で設定する．
③ 系統的，具体的に設定する．
④ 幼稚園等，小学校，中学校間で一貫性をもたせる．

（例）
「知識・技能」
１・２年　○○○が分かる
３・４年　○○○が分かり，
　　　　　○○○しようとする
５・６年　○○○を理解し，
　　　　　○○○ができる
「思考力・判断力・表現力等」
１・２年　●●●できる
３・４年　●●●し，
５・６年　●●●し，
　　　　　●●●ができる
「学びに向かう力・人間性等」
１・２年　□□□ができる
３・４年　□□□ができる
５・６年　□□□し，
　　　　　□□□ができる

＜参考＞
「食に関する指導の手引－第二次改訂版－」
p.21～22
学年段階別に整理した資質・能力（例）
p.16～19
食に関する目標

【児童の実態】
・朝食を毎日食べる児童の割合　91％
・栄養のバランスを考えて食事やおやつをとっている児童の割合　64％
・伝統的な食文化や行事食への関心　61％
・肥満傾向児の割合　10.3％
・学校給食の残食率　11.3％
【保護者等の実態】
・朝食を毎日食べる人の割合　94％
・主食，主菜，副菜を3つそろえて食べることが1日2回以上の日が毎日ある人の割合　52％

学校教育目標

○ 健康でおもいやりのある子
○ 進んで学びよく考えて行動する子
○ きまりを守り最後までやりぬく子

【第3次食育推進基本計画】
・朝食を欠食する子供の割合　0％
・栄養バランスに配慮した食生活を実践する国民の割合　70％
【都道府県食育推進計画】
・学校給食における地場産物の活用率　50％以上
・主食・主菜・副菜をそろえて食べようとする人　90％
【教育委員会指導指針】
・主体的に行動できる子供の育成

学習指導要領，食育基本法の趣旨，食育推進基本計画，各自治体の食育推進計画等での指標，教育委員会の方針や目標を踏まえ，児童等の実態と照らし合わせ，食に関する指導の目標となる内容を整理

食の視点

◇ 食事の重要性
◇ 心身の健康
◇ 食品を選択する能力
◇ 感謝の心
◇ 社会性
◇ 食文化

食に関する指導の目標

（知識・技能）
食事の重要性や栄養バランス，食文化等について理解し，健康で健全な食生活に関する知識や技能を身に付けている．
（思考力・判断力・表現力等）
食生活や食の選択について，正しい知識・情報に基づき，自ら管理したり判断したりできる．
（学びに向かう力・人間性等）
主体的に，自他の健康な生活を実現しようとし，食や食文化，食料の生産等に関わる人々に対して感謝する心を育み，食事のマナーや食事を通じた人間関係形成能力を養う．

幼稚園・保育所・幼保連携型認定こども園	各学年の食に関する指導の目標			中学校
	１・２年	**３・４年**	**５・６年**	

幼稚園・保育所・幼保連携型認定こども園

○ 和やかな雰囲気の中で教師や友達と楽しく食べられるようにする．

○ 食べ物に親しみを感じ，食べてみたい，進んで食べようとする気持ちをもつ．（野菜づくりなど）

幼稚園・保育所・幼保連携型認定こども園のねらいや連携に関する方向等を記載する．

１・２年

（知識・技能）
いろいろな食べ物や料理の名前，季節や行事にちなんだ料理があることが分かる．

（思考力・判断力・表現力等）
正しい手洗いやよい姿勢でよくかんで食べることや，食器を正しく並べられ，正しくはしを持って食べることができる．

（学びに向かう力・人間性等）
食べ物に興味・関心をもち，楽しく食べることや，食事の意味が分かり，心を込めたあいさつができる．

３・４年

（知識・技能）
日常の食事が地域の産物と関連していることや，先人によって培われてきた多くの食文化があること，多くの人々や努力，自然の恩恵の上に成り立っていることが分かり，感謝して食べようとしている．

（思考力・判断力・表現力等）
食事の準備や後片付けを行う際に，安全や衛生にどういった点に気を付けることが必要かを考えることや，健全を意識して好き嫌いせずに3食規則正しく食べようとすることができる．

（学びに向かう力・人間性等）
楽しく食事することが心身の健康に大切なことや，協力したり，マナーを考えたりすることが相手を思いやり，楽しい食事につながることを理解し，実践することができる．

５・６年

（知識・技能）
朝食を食べ，3食規則正しく食事をすることや栄養のバランスのとれた食事の大切さ，日本の伝統的な食文化等について理解し，健全な食生活に必要な技能を身に付けている．

（思考力・判断力・表現力等）
栄養や食事の取り方について，正しい知識・情報に基づいて，残さず食べたり，衛生面に気を付け，無駄なく調理したりしようとすることができる．

（学びに向かう力・人間性等）
楽しく食事することが人と人とのつながりを深め，豊かな食生活につながることを理解し，マナーを考え，気持ちよく会食をすることができる．

中学校

○ 朝食をしっかりとるなど，望ましい食習慣の育成について，小・中連携した取組を実施

中学校の目標や連携に関する方針等を記載する．

食育推進委員会

食に関する指導を組織的に行うための組織について，構成メンバー，地域との連携について記述

※組織の活動計画は，全体計画②へ記述

食育推進委員会	・委員長：校長（副委員長：教頭），委員：主幹教諭，教務主任，保健主事，栄養教諭，養護教諭，各学年食育担当教諭 ※必要に応じて保護者代表，学校医等参加 ・児童および保護者の実態調査の分析・評価，全体計画の作成，評価（中間，年度末）等年4回開催
食に関する指導	・教科等における食に関する指導　：関連する教科等において食育の視点を位置付けて指導 　　　　　　　　　　　　　　　　　社会，理科，生活，家庭，体育，道徳，総合的な学習の時間，特別活動等 ・給食の時間における食に関する指導　：給食指導：日常の給食指導の要領に基づく準備から後片付けまでの一連の指導の中で習得， 　　　　　　　　　　　　　　　　　・食に関する指導：献立計画および指導資料に基づく指導の中で献立を通して学習教科等で学習したことを確認 ・個別的な相談指導　：・学校生活管理指導表に基づき，保護者との個別面談を実施し，アレルギー対応委員会で個別の取組プランの検討・評価を行う． 　　　　　　　　　　・教育相談の期間に希望する保護者および児童を対象に，肥満・痩身傾向，偏食，スポーツ栄養など食生活に関わる個別相談指導を実施
地場産物活用	・物資選定委員会：年3回，地場産物を積極的に活用し，年間使用率（食品数ベース）50％以上を目指す． ・毎月19日の「食育の日」は，地場産物や郷土料理を取り入れ，資料を活用して食に関する指導を実施 ・生産者との対話・交流，地場産物の取組みをホームページを活用して紹介し，家庭・地域へ啓発
家庭・地域との連携	・学校だより，給食だより，保健だより，食育推進委員会だより等の配布，ホームページによる学校給食の紹介等積極的な情報発信 ・給食試食会，親子料理教室の開催，ＰＴＡ行事・家庭教育学級への参画
食育推進の評価	・活動指標　　：食に関する指導，学校給食の管理，連携・調整 ・成果指標　　：児童の実態，保護者・地域の実態 ※食生活調査（5月，2月），残食調査（6月，11月，2月），学校評価アンケート等

食に関する指導

教科等における食に関する指導，給食の時間における指導，個別的な相談指導ごとに連携・協働して取り組む事例，指導体制を具体的に記述

※関連教科等の単元，題材等については全体計画②へ記述

地場産物の活用

地場産物活用の推進組織，活用方針等を記述

※組織の活動計画は，全体計画②へ記述

家庭・地域との連携

課題や目標についての共通理解，課題解決するための実践の場として，食に関する取組を充実させる連携の基本方針及び情報の収集・発信の方法や食に関する学校行事，関係機関との連携した取組等を記述する．

※食に関する指導内容の時期と合わせたり，連携したりした活動計画については，全体計画②へ記述

食育推進の評価

① 学校の教育目標，食に関する目標と関連した評価指標とする．
② 取組状況の評価（活動指標）と取組の成果（成果指標）を，総合的な評価につながるように設定
③ 二つの指標の関連等について検討
④ 評価項目・評価内容・評価の規準を併せて設定
⑤ 評価結果は実態とし，次年度の目標設定につなげる．

＜参考＞
「食に関する指導の手引－第二次改訂版－」
p.252～261
学校における食育の推進の評価

■図Ⅱ-5　食に関する指導の全体計画①　（小学校）例

教科，道徳，総合的な学習の時間
①自校の教育課程，学習指導要領の指導内容，使用している教科書の内容をもとに関連する教科等の指導事項を抽出
②抽出した指導事項を学年ごとに整理，教科等横断的視点から実施時期，時数等を検討し，自校の教育課程と調整
③道徳は，自校の指導計画から関連する内容項目を記載

特別活動
学級活動，児童会活動，学校行事に関連する指導内容，題材名を記載する．

給食の時間における食に関する指導の取組内容の検討

給食指導
準備から後片付けまでの一連の指導のなかで，手洗い，配膳，食器の並べ方，食事マナーなどを習得する．

食に関する指導
献立を通して食品の産地や栄養的な特徴を学ぶ．また，教科等で学習したことを確認する．

献立を活用した指導など学校給食の管理に関する内容も位置付ける．

栄養教諭の専門性を生かして献立計画案を作成する．

実際に計画を推進する際には，学級担任や調理員等の協力や取組が不可欠であるため，事前に調整する．

教科等		4月	5月	6月
学校行事等		入学式	運動会	クリーン作戦
推進体制	進行管理		委員会	
	計画策定	計画策定		
教科・道徳・総合的な学習の時間等	社会	県の様子【4年】 世界の中の日本，日本の地形と気候【5年】	私たちの生活を支える飲料水【4年】 こうちに住む人々の暮らし【5年】	地域にみられる販売の仕事【3年】，ごみのしょりと再利用【4年】，寒い土地のくらし【5年】，日本の食糧生産の特色【5年】，狩猟・採集や農耕の生活，古墳，大和政権【6年】
	理科		動物のからだのつくりと運動【4年】，植物の発芽と成長【5年】，動物のからだのはたらき【6年】	どのくらい育ったかな【3年】，暑くなると【4年】，花から実へ【5年】，植物のからだのはたらき【6年】
	生活	がっこうだいすき【1年】	たねをまこう【1年】，やさいをそだてよう【2年】	
	家庭		おいしい楽しい調理の力【5年】	朝食から健康な1日の生活を【6年】
	体育			毎日の生活と健康【3年】
	他教科等	たけのこぐん【2国】	茶つみ【3音】	ゆうすげむらの小さな旅館【3国】
	道徳	自校の道徳科の指導計画に照らし，関連する内容項目を明記すること		
	総合的な学習の時間		地元の伝統野菜をPRしよう【6年】	
特別活動	学級活動 *食生活学習教材	給食がはじまるよ*【1年】	元気のもと朝ごはん*【2年】，生活リズムを調べよう*【3年】，食べ物の栄養*【5年】	よくかんで食べよう【4年】，朝食の大切さを知ろう【6年】
	児童会活動	残菜調べ，片付け点検確認・呼びかけ 目標に対する取組等（5月：身支度チェック） 掲示（5月：手伝い）		給食委員会発表「よく噛むことの大切さ」
	学校行事	お花見給食，健康診断		全校集会
給食の時間	給食指導	●楽しい給食時間にしよう ・給食の準備，後片付けの約束　・正しい食器の並べ方 ・食事のあいさつ		
	食に関する指導	○食べ物に関心をもとう ・献立や食べ物の名前の由来を知る　・食べ物の産地		
学校給食の関連事項	選択給食			リザーブ給食
	旬の食材	あさり・にら 清見オレンジ	グリーンアスパラ ふき・わらび・いちご	細竹・アンデスメロン
	食育の日（毎月19日）	うどん※小麦	山菜	おまつりの日の行事食
	地場産物	地場産物の取組ホームページで紹介		生産者訪問（農場）
	食文化の伝承		端午の節句	郷土の日
	行事食	入学進学祝献立，お花見献立		カミカミ献立
家庭・地域との連携（給食だよりの内容等）		積極的な情報発信（自治体広報誌，ホームページ），関係者評価の実施，公民館活動，地域ネットワーク（人材バンク）等の活用 学校だより，食育だより，保健だより等の発行		
		学校給食の内容	朝食の大切さ ■学校公開日	食育月間 ■給食試食会
個別的な相談指導				

■図Ⅱ-6　食に関する指導の全体計画②（小学校）例

7月	8月	9月	10月	11月	12月	1月	2月	3月
集団宿泊合宿				就学時健診	避難訓練			卒業式
委員会				委員会		委員会		委員会
					評価実施	評価結果の分析	計画案作成	
我が国の農家における食料生産【5年】	地域に見られる生産の仕事（農家）【3年】，我が国の水産業における食料生産【5年】					市の様子の移り変わり【3年】，長く続いた戦争と人々のくらし【6年】	日本とつながりの深い国々【6年】	
生き物のくらしと環境【6年】	実がたくさんできていたよ【3年】				水溶液の性質とはたらき【6年】	物のあたたまりかた【4年】		
	秋のくらし さつまいもをしゅうかくしよう【2年】							
			食べて元気！ごはんとみそ汁【5年】	まかせてね今日の食事【6年】				
				育ちゆく体とわたし【4年】		病気の予防【6年】		
おおきなかぶ【1国】，海のいのち【6国】			サラダで元気【1国】，言葉の由来に関心をもとう【6国】	くらしの中の和と洋【4国】，和の文化を受けつぐ【5国】	プロフェッショナルたち【6国】	おばあちゃんに聞いたよ【2国】	みらいへのつばさ（備蓄計画）【6算】	うれしいひなまつり【1音】
夏休みの健康な生活について考えよう【6年】	弁当の日のメニューを考えよう【5・6年】	食べ物はどこから*【5年】	食事をおいしくするまほうの言葉*【1年】，おやつの食べ方を考えてみよう*【2年】，マナーのもつ意味*【3年】，元気な体に必要な食事*【4年】		食べ物のひみつ【1年】，食べ物の「旬」*【2年】，小児生活習慣病予防健診事後指導【4年】	しっかり食べよう ３度の食事【3年】		
				掲示（11月：おやつに含まれる砂糖）	目標に対する取組 等（12月：リクエスト献立募集・集計）		掲示（2月：大豆の変身）	
			生産者との交流給食会		学校給食週間の取組			
	遠足			交流給食会	給食感謝の会			
●食事の環境について考えよう ・衛生的な給食当番の仕事，協力 ・正しい食事のマナー			●食べ物を大切にしよう ・給食当番の仕事の工夫，協力 ・楽しい食事の工夫，マナー		●１年間の給食を振り返ろう ・準備のしかた ・食事中のマナー ・後片付け ・心をこめた食事のあいさつ			
○食べ物の働きについて知ろう ・食べ物の３つの働き ・食べ物の産地，地場産物について ・夏の食生活			○食べ物と健康について考えよう ・よくかんで食べる ・かぜを予防する食事 ・食べ物の旬 ・日本と世界の食文化		○食生活について考えよう ・１日３回の食事 ・栄養のバランス ・郷土の食			
		リザーブ給食		バイキング給食				
トマト・さくらんぼ プラム・すいか	トマト・とうもろこし・かぼちゃ ピーマン・なす・枝豆・きのこ さんま・ぶどう	さんま・鮭・ぶどう	鮭・さつまいも 白菜・ごぼう りんご・くり		ごぼう・のり みかん	ひじき・みかん キウイフルーツ	いよかん キウイフルーツ	あさり・清見オレンジ・いよかん
レタス	豚肉	さんま	玉ねぎ	新米, 鮭	かぼちゃ	昆布	冬の魚（鱈）	赤飯
			生産者訪問（農場）					
七夕献立		お月見献立	和食献立		冬至の献立	お正月料理	節分献立	桃の節句
		祖父母招待献立	我が家のみそ汁	伝統的な保存食（乾物）を使った料理	クリスマス献立	給食週間行事献立		卒業祝い献立
夏の食生活	野菜摂取月間	郷土の食	運動と食事	日本型食生活（主食：米）	朝食の大切さ（食事内容）	給食週間	日本型食生活（大豆）	食生活の振り返り
教育相談（栄養）①				生活管理指導表提出	教育相談（栄養）②	食物アレルギー個別面談		

❽　地場産物の活用の検討
・推進組織，活用方針等
・具体的な使用計画
❾　家庭・地域との連携について検討
・基本方針，情報の収集や発信の方法，関連行事，
　関係機関との連携した取組と年間計画等
・具体的な取組内容と年間計画
❿　食育推進の評価指標の設定
・学校教育目標，食に関する指導の目標と関連した
　活動指標と成果指標および関連等について検討
・評価する項目や内容，評価基準，評価方法につい
　て検討

　このようにして作成された全体計画が，効果的，
効率的に機能するためにどのような工夫がされてい
るか，栄養教育実習でぜひ確認してほしい．

（3）教科等における食に関する指導
①　教科等の特質に応じた食に関する指導
　学習指導要領に示された目標に沿って食に関する
指導を行うが，教科等の内容と目標が必ずしも一致
しない場合もある．
　食に関する指導と関連付けることができる教科に
は，社会科，理科，生活科，家庭科（技術・家庭科），
体育科（保健体育科），特別の教科　道徳，外国語活
動，総合的な学習の時間，特別活動等がある．
　これらの教科等では，目標や内容，単元や題材，
学習活動等のさまざまな場面で，食に関する指導と
関連付けた指導を行うことができる．また，例示し
た教科等以外でも，その特質によって食に関わる教
材を用いたり，作品を作成したりするなど，積極的
に食に関する指導の機会を設けることができる．
　このように，教科等を活用し，食に関する指導を
充実させることは，学校全体の食育の充実につなが
る．
　しかし，教科等の授業において食に関する指導を
行う場合には，その教科等と単元等の目標を達成す
ることを最優先とする．
　指導者が，授業のなかに「食育の視点」を位置付
けたうえで，教科等と食育の視点との関連を明確に
し，意図的に指導を行うことによって，食に関する
指導の充実を図ることが可能になる．意図的な指導
とは，学校給食を教材として積極的に取り扱うこと

や，授業の内容によっては，栄養教諭が専門性を生
かして授業に参画することなどが想定される．
　教科等の授業の枠組みのなかで，食育の視点が達
成できない場合には，授業において食への関心を高
め，その後，教科等横断的な指導や，給食の時間に
おける食に関する指導，家庭での実践等につなげる
ことなどによって食育の視点を達成することができ
る．
　なお，栄養教諭が，教科等で食に関する指導を行
う際は，学級担任・教科担任等と事前打合せを行
い，児童生徒に関する情報を共有して効果的な指導
となるよう，以下の点に留意する．
①　指導のなかで，栄養教諭の専門性を効果的に生
　かせる場面を明らかにする．
②　担任および教科担任とティーム・ティーチング
　で指導を行う．
③　指導場面での役割分担を明確にする．
④　栄養教諭の専門性を生かした教材や資料を提供
　する．
⑤　ICTの積極的活用により，効果的な教材や資料
　を作成し提供する．
②　教科等との関連をふまえた食育の視点の達成
　食に関する指導を実施し，目標を達成しようとす
る際には，教科等の特質によって，食との関わりの
程度が異なることを理解しておく必要がある．
　教科等と食との関わり方では，おおむね３つの場
合が想定される（図Ⅱ-7）．また，これらの実践事
例を表Ⅱ-7に示す．
③　食に関する指導の評価の考え方
　教科等における食に関する指導は，当該教科等の
目標が達成されることを最優先とするため，学習指
導要領に基づき，当該教科等の評価を，担任または
教科担任が行う．評価の参考として，栄養教諭は，
児童生徒の変容について情報提供を行う．
　また，食育の視点については，学校における食に関
する指導目標の達成度を評価するための指標として
活用するので，整理・蓄積しておく必要がある．

① 教科等の指導内容そのものが，食に関する指導内容と重なるもの

教科等の授業のなかで食に関する指導の目標も達成されるもの

該当する教科・取扱い学年・単元等例

教科名	学年	単元・題材名
生活科	小2	やさいをそだてよう
家庭科	小5	おいしい楽しい調理の力
		食べて元気！ごはんとみそ汁
	小6	朝食から健康な1日の生活を
		まかせてね今日の食事
	中2	食生活と栄養
		献立作りと食品の選択
保健体育科	中3	食生活と健康

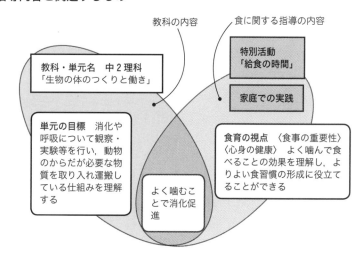

教科・題材名　小6家庭科
「一食分の食事について考えよう」

題材の目標　主食，主菜，副菜の組み合わせで栄養のバランスを考え，一食分の食事の計画を立てることができる

食育の視点　〈心身の健康〉　望ましい栄養や食事のとり方を理解し，食品の組み合わせや栄養的なバランスを考え，食べようとすることができる

② 教科等の指導内容の一部が，食に関する指導内容と関連するもの

教科等で学習した知識等を，給食の時間や家庭での実践に生かすことで食育の視点が達成されるもの

該当する教科・取扱い学年・単元例

教科名	学年	単元名
体育科	小3	毎日の生活と健康
社会科	小5	日本の食料生産の特色
	中1	世界の食文化とその変化
	中2	日本の諸地域（東北）によって異なる食文化
	中3	私たちと現代社会
理科	中1	栄養分をつくるしくみ
	中2	生命を維持する働き
保健体育科	中3	生活習慣病とその予防

教科の内容　　食に関する指導の内容

教科・単元名　中2理科
「生物の体のつくりと働き」

特別活動
「給食の時間」

家庭での実践

単元の目標　消化や呼吸について観察・実験等を行い，動物のからだが必要な物質を取り入れ運搬している仕組みを理解する

よく噛むことで消化促進

食育の視点　〈食事の重要性〉〈心身の健康〉　よく噛んで食べることの効果を理解し，よりよい食習慣の形成に役立てることができる

③ 教科等の教材，素材として食に関する指導内容が活用できるもの

教科等に関する指導内容の重なりはないが，授業等に食に関する内容を活用し，食への関心を高める．さらに，日常指導や給食指導等につなぐことで，食育の視点が達成されるもの

該当する教科・取扱い学年・単元例

教科名	学年	単元名
国語科	小3	すがたを変える大豆
社会科	小4	ごみのしょりと再利用
	小5	わが国の農家における食料生産
英語科	中3	A History of Vegetables

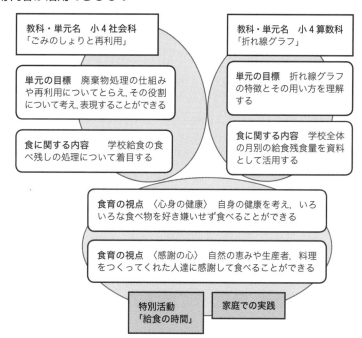

教科・単元名　小4社会科
「ごみのしょりと再利用」

教科・単元名　小4算数科
「折れ線グラフ」

単元の目標　廃棄物処理の仕組みや再利用についてとらえ，その役割について考え，表現することができる

単元の目標　折れ線グラフの特徴とその用い方を理解する

食に関する内容　学校給食の食べ残しの処理について着目する

食に関する内容　学校全体の月別の給食残食量を資料として活用する

食育の視点　〈心身の健康〉　自身の健康を考え，いろいろな食べ物を好き嫌いせず食べることができる

食育の視点　〈感謝の心〉　自然の恵みや生産者，料理をつくってくれた人達に感謝して食べることができる

特別活動
「給食の時間」

家庭での実践

■図II-7　教科等と食に関する指導内容との関わり方の例

中学3年生社会科「公民」

① 単元名　「私たちと現代社会」

② 単元の目標

　○ 現代社会の特色や文化の意義と影響について理解することができる．

　○ 文化の継承と創造の意義について，多面的にとらえ考えるとともに，調べたことをまとめることができる．

③ 食育の視点

　○ 現在，私たちの食生活は，海外からの輸入食材に支えられていることを理解し，正しい知識や情報に基づいて，みずから判断し，食品を選択する能力を身に付ける≪食品を選択する能力≫

　○「食の国際化」が進むなかで，日本の伝統的な食事のよさに気付き，継承する意欲をもつ≪食文化≫

④ 指導計画（全8時間）

第1次	現代社会を探ってみよう（1時間）	第2次	大量消費社会の出現（1時間）
第3次	食生活の変化（本時）	第4次	IT社会の到来（1時間）
第5次	アジアとわたしたちの生活（1時間）	第6次	国際社会と日本の役割（1時間）
第7次	多文化社会の進展（1時間）	第8次	まとめと発表をしよう（1時間）

⑤ 展開例（3/8時）

　○ 本時の目標：班のなかで，さまざまな資料を活用し，現在の日本の「食」が抱える課題に気付き，自分自身の食について改善策を見いだすことができる．

過程	学習活動	指導上の留意点	評価 観点	評価 方法	備考
導入（5）	1　本時のねらいの確認	・「まごわやさしい」「オカアサンハヤスメ」から，近年子どもたちが好む料理が洋風化していることに気付かせる．	知識	発表（観察・指名）	年代別料理名カード
展開（5）	2　食生活はどのように変化したか気付く．（グルーピング）	・教科書，資料集を活用し，グループで話し合うことで意見が活発に交換できるようにする． ・フラッシュカードを示し，説明する．	思考判断技能	観察発表	教科書資料集ワークシートフラッシュカード

食生活の変化は，わたしたちにどのような影響を与えているでしょうか

過程	学習活動	指導上の留意点	評価 観点	評価 方法	備考
（20）	3　食生活が変わったことで起こる問題に気付く． （グルーピングによるブレーンストーミング）	・生徒の反応をみて，意見が活発に出やすいようにタイミングをはかって国民供給食料グラフを見せ，説明する． ・学校給食と外食の栄養バランスの違いに気付かせる． ・一人当たり1枚のカードを配り，各班内のカードには異なる意見を記入するよう助言する． ・机間指導	思考判断 思考 表現力	観察発表	・国民供給食料グラフ ・給食と外食比較グラフ ・○○中高脂血症疑グラフ ・○○町がん死亡率推移グラフ
（5）	4　食の問題には大きく2つあることを理解する．（食材，食べ方）	・黒板上で，ブレーンストーミングで出た事項を「食材」と「食べ方」のカテゴリーに整理することで2つの問題があることに気付かせる． ・机間指導	技能思考	観察	黒板カード
（10）	5　今の自分の食事で「何を」「どう変えれば」健康的な食べ方ができるのか理解する．	・給食指導時の「主食」「主菜」「副菜」の話も想起させる． ・なるべく具体的に書くよう指示する．	思考判断	観察	ワークシート
終末（5）	6　本時のまとめ	・自分の食生活の改善点を発表させ，自分の生活のなかで実践しようとする意欲をもたせる．	表現力	発表	ワークシート

（4）給食の時間における食に関する指導

　給食の時間は，特別活動の授業時数には含まれていないが，毎日1単位時間程度，年間で約190日あるため，計画的・継続的に指導を行うことで，児童生徒に望ましい食習慣を身に付けさせることができる．また，教科等と関連付けた効果的な指導を行うことができる大切な教育活動である．

① 基本的な考え方

　給食の時間に行われる食に関する指導は，「給食指導」と「食に関する指導」に分けることができる．
　年間を通じて行う会食や当番活動等の給食指導と，学校給食の献立や食品等を教材として活用した食に関する指導との，両面から指導を行うことが大切である．

給食の時間に行う食に関する指導

食に関する指導
○ 献立を通して，食品の産地や栄養的な特徴等を学習させる．
○ 教科等で取り上げられた食品や学習した内容を，確認させる．
給食指導
○ 給食の準備から後片付けまでの一連の指導のなかで，正しい手洗い，配膳方法，食器の並べ方，箸の使い方，食事のマナーなどを体得させる．

② 給食指導

　給食指導とは，給食の準備から後片付けにいたる一連の指導を，実際の活動を通して学級担任が行う教育活動であり，毎日繰り返し行うことで，習慣化を図ることができる．そして，給食の時間は，共同作業を通して，責任感や連帯感を養うとともに，感謝の気持ちや豊かな心をはぐくみ，人間関係を育てる時間となる．
　栄養教諭は，学校に1名または複数校を兼務していることから，すべての学級の給食指導を栄養教諭が行うことは不可能であり，適当ではない．栄養教諭は給食指導のルールを示し，指導は学級担任が行うことが望ましい．

〔指導内容例〕
① 衛生的かつ安全な運び方
② 食事環境の指導
・教室の換気
・楽しい会食のための机の並べかえ
③ 給食前後の正しい手洗いの指導
④ 給食当番への配膳指導
・食器への盛り付け方
　　汁もの：底からよくかき混ぜながら盛り付ける
・一人分の盛り付け量
　　ごはん：各児童生徒の体格に合わせて盛り付ける
　　おかず：40人分なら4等分した1/4から10人分を配食
⑤ 給食当番以外の児童生徒への指導
・食事マナー
・食器の並べ方
・食事のあいさつ
・箸の使い方
・主食とおかずは交互に食べる
⑥ 後片付けの指導
・食器や箸などの返し方
・ごみの分別
・牛乳パックのリサイクル　など

　それぞれの学校には給食指導のルールがある．栄養教育実習では，そのルールを理解して給食指導に参加（補助指導）するとともに，児童生徒の活動をよく観察することで，児童生徒理解につなげる．

③ 食に関する指導

　給食の時間における食に関する指導は，食に関する指導の中心的役割を担うものである．献立を通して食品の産地や栄養的な特徴を学ぶことができるほか，郷土食や行事食等の食文化を学ぶことにもつながる．さらに，教科等で学習したことを給食の時間に確認させ，学習効果を上げることもできる．そのため，栄養教諭は，学校給食を生きた教材として活用できるよう，教科等の年間指導計画を考慮して，献立計画に反映させるとともに，目的に応じ，ねらいをもった献立作成を意図的に行うことが重要である（p.28参照）．
　具体的な指導としては，栄養教諭は毎日の給食に使用している食品の栄養素や特徴，献立の由来などのほか，毎月の給食目標や食事のマナー等に関する指導資料「ひとくち食育例」（**図Ⅱ-8**）等を作成し，学級担任に提供する．学級担任は，自分で読んだり，児童生徒に読ませたりして，指導資料を活用した指導を行う．また，栄養教諭が直接教室に出向き，専門性を生かした指導を行ったり，校内放送を活用して指導を行ったりする．

10月△△日（△）	今日の給食は，「秋いっぱいメニュー」です．今日は，麦入りごはんの「米」について
麦入りごはん 牛乳 焼きさば 小松菜のごま和え きのこ汁	のお話しをします． 　米は，日本人がむかしから食べている食べ物の1つです．むかしの人々は，今のように手軽に米を食べることができませんでした．というのも，米はお金の代わりになるほど貴重な食べ物だったからです．今でも「お米」と「お」をつけて呼ぶのは，大切にする気持ちが残っている表れですね． 　今月の給食から，お米が今年の新米に変わりました．とれたばかりの新米は，水分が多くふくまれているためみずみずしく，つやつやとしたごはんにたき上がります．また，ほんのりとしたあまい香りと味を楽しむことができます．一年のうちで一番おいしい新米のごはんのおいしさを，よく味わってもりもり食べましょう．

■図Ⅱ-8　米を扱ったひとくち食育例

■図Ⅱ-9　一食の献立から考えられる食育の題材

　食育の題材は，**図Ⅱ-9**のように一食の献立からいくつも考えることができる．

　栄養教育実習では，実習校の給食の時間に，学級担任が行う給食指導や栄養教諭が行う食に関する指導を効果的に進めるための指導方法の工夫等について学んでほしい．

（5）個別的な相談指導

　学校には食に関する課題を抱えている児童生徒が存在し，その課題に応じた個別的な相談指導の必要性が高まっている．栄養教育実習では，児童生徒が抱えている食に関する課題と，その課題に対する学校内での個別的な相談指導の進め方（体制づくり，具体的な対応内容，保護者や関係機関との連携等）について学ぶ．また，指導上の留意点についても確認する．

　個別的な相談指導は，栄養や食事に関する知識が少ない児童生徒やその保護者に対して，断片的な知識の提供や改善の強制をするのではなく，個々に抱える健康課題を解決するために行う食に関する指導である．実施にあたっては，問題点の分析，個に適した指導・助言，指導後の望ましい食生活の形成に向けた具体的な改善指導を進めていくことが大切である．

　想定される相談指導の内容としては，①偏食傾向，②肥満傾向，③痩身（やせ）傾向，④食物アレルギー，⑤スポーツ，⑥食に関する問題行動等をあげることができる．

　個別的な相談指導は，学校全体で取り組み，対象となる児童生徒の抽出は，おもに学級担任や養護教諭等が行う．実際の指導は，食に関する専門的な知識をもち，「児童（生徒）の栄養の指導及び管理をつかさどる」栄養教諭が，関係者（養護教諭・学校医・保護者等）と連携して実施する．栄養教諭には，食物アレルギーや肥満，痩身，スポーツ栄養等に関

する高度な専門知識と実践的な指導力，児童生徒の発達段階や心理の特性を考慮した面接とカウンセリング技術が求められるため，最新の情報を入手するなどしてみずからの資質向上に努める必要がある.

① 偏食傾向にある児童生徒

極端に食事量が少ない，または特定の食品の過剰摂取により，成長等に問題がある児童生徒を抽出する.偏食の原因には心理的な要因も影響することから，対象となる児童生徒の特性や家庭環境等を十分に考慮して行う.

② 肥満傾向にある児童生徒

児童生徒は成長期であり，また発育には個人差があることから，肥満傾向が単純肥満か症候性肥満かの判断を行う必要がある.

そこで，性別・年齢別の身長別標準体重をもとに，各児童生徒の成長曲線を作成し，対象者を抽出して相談指導を実施する.単に肥満の解消だけでなく，望ましい生活習慣を身に付け，生涯にわたる健康の保持増進につなげることを視野に入れて相談指導を行う.

③ 痩身傾向にある児童生徒

対象者の抽出は，肥満傾向にある児童生徒と同様に行う.思春期には，ダイエットのために食事の量を減らしたり，食べなかったりなどの食行動がみられる.これらの児童生徒には，適正体重を示すとともに，無理に食事を減らした場合の弊害について指導する必要がある.

痩身傾向の場合には，原因によって指導方針が大きく変わるため，どのような関係者や関係機関と連携するとよいか，どのような指導の進め方がよいかなど，日ごろの研究が大切である.

④ 食物アレルギーを有する児童生徒

学校生活管理指導表により，学校生活を送るうえで特段の配慮や管理が必要であると医師の指示を受けた児童生徒に対しては，学校給食における対応と個別的な相談指導を実施する.対応方針については，学校のアレルギー対応委員会等の組織で協議して決定する.

〔食物アレルギー対応例〕

○ アレルギー対応委員会で対応が必要であるとされた児童生徒は，毎年，年度初めに該当児童生徒の保護者と管理職，学級担任，栄養教諭，養護教諭等で面談を行い，学校給食の対応内容（除去食や代替食の提供方法，弁当持参とその管理方法等）について確認し，共通理解を図る.

○ 栄養教諭は，毎月，該当児童生徒ごとに学校給食の対応を記入した献立表を作成し，保護者を含む関係者全員で確認し，共有する（図Ⅱ-10）.

○ 対応食の調理については，事前に手順を示し，給食調理員と打合せを行う（図Ⅱ-11）.

また，宿泊を伴う校外活動においても，食物アレルギーを有する児童生徒が安全に楽しく参加できるよう配慮する必要がある.そのため，事前に保護者や宿泊先と詳細に打合せを行ったうえで，食事面の対応について，栄養教諭が指導・助言する.校外活動では，ふだんより学級担任の目が届きにくい傾向があるため，参加する全教職員が該当児童生徒の状況や緊急体制について，共通理解を図っておくことが大切である.

⑤ スポーツをする児童生徒

スポーツをすることによって発育・発達に支障をきたす状況になった，あるいは，きたす可能性がある児童生徒に対して指導する.競技力向上のためや熱中症の予防については，教育が必要な児童生徒全員に対して集団指導を行う.

個別的な相談指導は，身体活動量の増加によってエネルギー不足から発育の遅延，貧血，疲労骨折，無月経や初経遅延等を引き起こしたり，熱中症を起こしたりしたときに行う（図Ⅱ-12）.

スポーツをする児童生徒がエネルギー不足になる原因は，次の3つに分けることができる.

① 食事・補食として食べている量が，これ以上食べることができない限界量に及んでいる場合

② 運動量（質，量，強度，時間）の過剰や生活リズムの乱れにより，食欲が減退して食べる量が少なくなっている場合

③ 意図的（故意）にエネルギー摂取量を低減させている場合

スポーツをする児童生徒に対する指導は，スポーツ栄養学の知識と実践力が必要となる.運動量などは，指導者から情報を得るだけではなく，必要に応じて児童生徒が練習をしている場所に出向き，栄養教諭自身で把握する必要がある.また，保護者からの情報や練習後の食事のとり方を見ることで，練習の量や強度によって，どのように食欲が変化するかを知ることができる.

日曜	献立名	牛乳	赤の仲間 血や肉になる	黄の仲間 熱や力の元になる	緑の仲間 体の調子を整える	除去食
1月	ごはん	○		ごはん		
	鮭のみそマヨネーズ風味焼き		さけ　みそ			
	ゆかりあえ				キャベツ　きゅうり　しそ	
	肉じゃが		ぎゅうにく	さとう　じゃがいも　こんにゃく	たまねぎ　にんじん　さやいんげん	
2火	ごはん	○		ごはん		
	マーボー豆腐		ぶたにく　みそ　とうふ	ごまあぶら　さとう　かたくりこ	にんにく　しょうが　たけのこ　ほししいたけ　ねぎ	
	ナムル			ごまあぶら　さとう	もやし　ほうれんそう　にんじん　きゅうり	
3水	ハヤシライス	○	ぶたにく	ごはん　じゃがいも　オリーブオイル　ハヤシルウ	にんじん　エリンギ　たまねぎ　トマト	
	コーンサラダ		ツナ	オリーブオイル　さとう	キャベツ　きゅうり　とうもろこし	
4木	米粉パン	○		パン		パンなし・代替品持参
	照焼きチキン風		とりにく	さとう　かたくりこ	しょうが　にんにく	
	青のりポテトフライ		あおのり	じゃがいも		
	ミネストローネ		ソーセージ　だいず	マカロニ　オリーブオイル　さとう	にんじん　たまねぎ　キャベツ　セロリー　トマト	
5金	中華飯	○	ぶたにく　うずらたまご	ごはん　ごまあぶら　かたくりこ	しょうが　にんじん　たまねぎ　はくさい　チンゲンサイ　たけのこ　ほししいたけ	うずら卵除去
	杏仁フルーツ		とうにゅうあんにんどうふ		フルーツ（みかん　もも　パイン）	
8月	ごはん	○		ごはん		
	いかのレモン風味		いか	かたくりこ　あぶら　さとう	レモン	いかなし・代替品持参
	ゆかりあえ				キャベツ　きゅうり　しそ	
	青菜のみそ汁		とうふ　あぶらあげ　みそ	じゃがいも	こまつな　にんじん　えのきだけ	

■図Ⅱ-10　個別の献立表例

○○○○年○月○日　○曜日　　[調 理 室 手 配 表]
0：通常献立　　　　　　　　　　　　　　　　　　　　　　　　　○○学校給食センター

人数	園児	園職員	南12	南34	南56	南職員	北12	北34	北56	北職員	センタ	保存食		合計	換算人	行 事 等

献立名/食品名	内容量 g	一人分量 単位	使用量 単位	発注量 単位	業者	切り方	調理方法等
【かきあげ】							
玉葱	26.29 g	32.00 kg	32.00 kg			スライス	
にんじん	8.30 g	10.00 kg	10.00 kg			短冊	
あらいごぼう	7.63 g	9.00 kg	9.00 kg			ささがき	
さつまいも	15.41 g	20.00 kg	20.00 kg			短冊	〈除去食〉材料と小麦粉、かたくり粉、塩少々を混ぜ、水で固さを調整して揚げる
くきわかめ（湯通塩蔵塩抜）	5.14 g	6.00 kg	6.00 kg				
薄力粉	10.00 g	11.00 kg	11.00 kg				
かたくり粉	7.70 g	9.00 kg	9.00 kg				
★たまご（液卵）	5.99 g	7.00 kg	7.00 kg				★たまご除去　○-○
水	3.42 g	4.00 kg	4.00 kg				
食塩	0.17 g	0.20 kg	0.20 kg				
米ぬか油	5.14 g	6.00 kg	6.00 kg				

■図Ⅱ-11　除去食調理の手順例

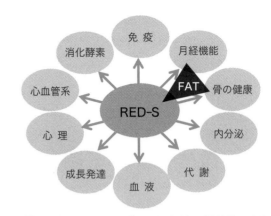

■図Ⅱ-12　RED-S スポーツにおける相対的エネルギー不足（Relative energy deficiency in sports）によって引き起こされる健康問題（2014, IOC 提示）

※ FAT（Female Athlete Triad：女性アスリートの三主徴）は，エネルギー不足の際に現れる症状（体重減，無月経，骨粗しょう症）を示したもの．
(Margo Mountjoy et al.Br J Sports Med 2014:48:491-497)

　児童生徒の食生活を直接管理する保護者には，定期的に情報提供や健全な心身の発育・発達のための助言を行うとともに，家庭での変化について保護者から情報が入るようなネットワークを構築しておくと，より的確な指導を行うことができる．

　スポーツをする児童生徒に対する指導は，競技力向上よりも発育・発達が優先されるべきであることを認識したうえで指導にあたることが重要である．

⑥ 食行動に問題を抱える児童生徒

　摂食障害や発達障害をはじめ，食行動に問題を抱える児童生徒を対象とした個別的な相談指導を行う場合がある．これらについては，その原因によって相談指導の進め方が異なることを理解しておく必要がある．

（6）特別な支援が必要となる児童生徒への指導

　特別な支援が必要な児童生徒への食に関する指導は，家庭はもとより，主治医，発達支援センターなどの関係機関と連携し，生活全般を通じた本人の思いや希望を聴取して，楽しく安全な給食の時間を過ごせるよう配慮することが重要である．そのため栄養教諭には，特別な支援を必要とする児童生徒の自立や社会参加に向け，一人一人の教育的ニーズを把握し，適切な指導および必要な支援の一環として，食に関する指導を行うことが求められている．

　近年，共生社会の形成に向けて，障害者の権利に関する条約に基づく「インクルーシブ教育システム」の理念が重要とされ，一人一人の障害の状態や教育的ニーズに応じた指導および支援をめざし，小・中学校の特別支援学級，通級指導で学ぶ児童生徒が増加している．そのため実習校には，さまざまな障害を伴う児童生徒が在籍していることが考えられる．

○ 広汎性発達障害（PDD）…言葉の発達の遅れ，コミュニケーション・対人関係・社会性の障害，パターン化した行動，こだわりが強いなど

○ 注意欠陥多動性障害（ADHD）…不注意（集中

●給食の時間における食に関する指導

▼毎日，給食献立を食堂入口に掲示し，食への興味や関心を高める指導を積み重ねる

さんま1本定食　　　　　　指導教材（魚の食べ方模型）
▼魚の食べ方は，理解しやすい模型を活用する

●教科等における食に関する指導

▼噛むことが視覚的に意識できる教材を用いる

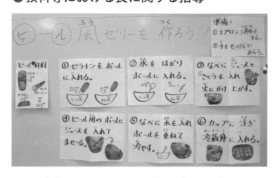

▼文字とイラストで調理手順を「見える化」する板書を行う

▼色彩が鮮やかで手に持ちやすいフエルト教材を活用して，食文化（おせち料理）を指導する

▼自立活動では，食堂前の畑で野菜を育てて食することにより農業の役割や健康について学習する

▼人と人との距離をイメージしやすい掲示物を工夫し，「ソーシャルディスタンス≒2m（メートル）」の意識付けを図る
（提供：福井県立奥越特別支援学校）

■図Ⅱ-13　取組事例

　人間の多様性の尊重等の強化，障害者が精神的及び身体的な能力等を最大限度まで発達させ，自由な社会に効果的に参加することを可能とするとの目的の下，障害のある者と障害のない者が共に学ぶ仕組みであり，障害のある者が教育制度一般から排除されないこと，自己の生活する地域において初等中等教育の機会が与えられること，個人に必要な「合理的配慮」が提供される等が必要とされている．

できない），多動・多弁（じっとしていられない），衝動的に行動する（考えるよりも先に動く）など
○　学習障害（LD）…読む，書く，計算するなどが全体的な知的発達に比べて極端に苦手であるなど
　小・中学校における栄養教育実習においても，発達障害のため特別な支援が必要となる児童生徒対象の食に関する指導を担当することが想定される．この場合は，あらかじめ学級担任に一人一人の配慮事項を確認することが大切である．

　その際，知り得た個人情報の管理に注意し，教育実習生であっても守秘義務があることを自覚する．
① 給食の時間における食に関する指導
　特別な支援が必要となる児童生徒のなかには，病気の状態や程度，障害の特性から感覚過敏等の反応を示す場合がある．

　たとえば，食器具の感触や食べ物の匂いが気になって給食が食べられない，また，白飯は食べるが，具が混ざっているごはんは一口も食べられないなど，強いこだわりがある児童生徒もいる．そのため，児童生徒の実態や学級の特色に合うよう，教室内の机やいすの位置，配膳台の配置場所等の物理的な配慮や工夫が必要になる．さらに，教員からの適切な言葉かけや個々の身体面に配慮した支援も大切である（取組事例，**図Ⅱ-13**）．
② 教科等における食に関する指導
　周りの人や物が気になって集中できない，あるいは食事のマナーを覚えにくい児童生徒の指導では，言葉に加えて視覚的にイメージがしやすい絵カードの活用が効果的である．学習活動の内容を文字，イラスト，写真等で示すことにより，次に何をするのか，見通しをもって活動に参加することができるようになる．

　障害の特性に応じて食育の教材を工夫し，児童生徒が興味をもち，集中して授業に取り組めるように

配慮する（取組事例，**図Ⅱ-13**）．
③ 個別的な相談指導の進め方
　食べ物や食べ方に対する強いこだわりがあり，日常の食事や健康に支障をきたすなど，食行動に問題を抱えている児童生徒には，摂食障害や発達障害，またはその疑いが考えられる．体重が極端に減少しているにも関わらず，太ることを恐れて食事を拒否したり，嘔吐を繰り返したりする児童生徒に対し，栄養教諭は，学級担任や養護教諭，スクールカウンセラー等と連携・分担して個別的な相談指導を進める必要がある．

　成長曲線の急激な下降，明らかな低体重，極端な食事量の制限，筋力の低下，便秘，イライラ，不安等の状況がみられる場合には，心身の発育や生命の維持が危うくなることもあるため，保護者に連絡して，早めに摂食障害の専門医への受診を勧める．

　特別な支援が必要となる児童生徒の心身の健康をはぐくみ，正しい食の知識を身に付けさせるために，学校給食の果たす役割はますます重要になっている．「個別の教育支援計画」や「個別の指導計画」に基づき，教職員が共通理解に立って効果的な指導・支援が継続して行われるように栄養教諭が専門性を発揮してコーディネートする必要がある．

　インクルーシブ教育システムが拡がるなか，実習生には，児童生徒の食べることに関する発達や経験をふまえ，自立活動支援の視点を加味した特別支援学校における食に関する指導の取組をぜひ学んでほしい．

4　給食の管理・運営

（1）学校給食摂取基準

　学校給食における栄養管理は，学校給食法第8条の学校給食実施基準に示されている「児童又は生徒一人一回当たりの学校給食摂取基準」に基づいて行われている．学校給食摂取基準は，「日本人の食事摂取基準（2020年版）」（以下「食事摂取基準」という．）の考え方をふまえ，「日本の小中学生の食事状況調査（平成26年実施）」の結果を考え合わせて設定されている（**表Ⅱ-8**）．

　基本的な考え方は，食事摂取基準の目標量および推奨量の3分の1とし，食事状況調査から不足または過剰摂取が考えられた栄養素については，昼食と

■表II-8 児童又は生徒一人一回当たりの学校給食摂取基準

区 分		基　準　値			
		児童（6歳〜7歳）の場合	児童（8歳〜9歳）の場合	児童（10歳〜11歳）の場合	生徒（12歳〜14歳）の場合
エネルギー	（kcal）	530	650	780	830
たんぱく質	（%）	学校給食による摂取エネルギー全体の13〜20%			
脂　質	（%）	学校給食による摂取エネルギー全体の20〜30%			
ナトリウム（食塩相当量）	（g）	1.5未満	2 未満	2 未満	2.5未満
カルシウム	（mg）	290	350	360	450
マグネシウム	（mg）	40	50	70	120
鉄	（mg）	2	3	3.5	4.5
ビタミンA	（μgRAE）	160	200	240	300
ビタミンB$_1$	（mg）	0.3	0.4	0.5	0.5
ビタミンB$_2$	（mg）	0.4	0.4	0.5	0.6
ビタミンC	（mg）	20	25	30	35
食物繊維	（g）	4 以上	4.5以上	5 以上	7 以上

（注）　1　表に掲げるもののほか，次に掲げるものについても示した摂取について配慮すること.
　　　　　亜　　鉛……児童（6歳〜7歳）2 mg，児童（8歳〜9歳）2 mg
　　　　　　　　　　　児童（10歳〜11歳）2 mg，生徒（12歳〜14歳）3 mg
　　　　2　この摂取基準は，全国的な平均値を示したものであるから，適用に当たっては，個々の健康及び生活活動等の実態並びに地域の実情等に十分配慮し，弾力的に運用すること.
　　　　3　献立の作成に当たっては，多様な食品を適切に組み合わせるよう配慮すること.

（文部科学省：学校給食実施基準別表，第4条関係）

■表II-9　食事摂取基準に占める学校給食摂取基準の割合

区 分	食事摂取基準の目標量，推奨量に対する割合
エネルギー	学校保健統計調査より算出したエネルギーの1/3
たんぱく質	学校給食摂取エネルギーの13〜20%
脂　質	学校給食摂取エネルギーの20〜30%
ナトリウム（食塩相当量）	目標量の1/3未満
食物繊維	目標量の40%以上
カルシウム	推奨量の50%
マグネシウム	推奨量の1/3程度（中学生は40%）
鉄	推奨量の40%
ビタミンA	推奨量の40%
ビタミンB$_1$	推奨量の40%
ビタミンB$_2$	推奨量の40%
ビタミンC	推奨量の1/3
亜　鉛	推奨量の1/3

■表II-10　身長別標準体重を求める係数

係数 年齢	男		女	
	a	b	a	b
5	0.386	23.699	0.377	22.750
6	0.461	32.382	0.458	32.079
7	0.513	38.878	0.508	38.367
8	0.592	48.804	0.561	45.006
9	0.687	61.390	0.652	56.992
10	0.752	70.461	0.730	68.091
11	0.782	75.106	0.803	78.846
12	0.783	75.642	0.796	76.934
13	0.815	81.348	0.655	54.234
14	0.832	83.695	0.594	43.264
15	0.766	70.989	0.560	37.002
16	0.656	51.822	0.578	39.057
17	0.672	53.642	0.598	42.339

（公益財団法人日本学校保健会：児童生徒等の健康診断マニュアル，平成27年度改訂）

しての学校給食から摂取が期待される望ましい摂取量を勘案し，基準値が定められている.

　なかでもナトリウム（食塩相当量）は，家庭での過剰摂取が著しいことを考慮し，学校給食では目標量の3分の1未満の設定となっている. 生活習慣病予防の観点からも摂取減に努めることは重要で，学校給食で薄味の習慣化を図りながら，家庭への啓発を推進していくことが求められている.

　各栄養素の食事摂取基準の目標量，推奨量に占め

る割合を表II-9に示す.

　なお，学校給食摂取基準のエネルギーは，学校保健統計調査より算出した全国的な平均値を示すものである. また男女比は1：1，身体活動は「ふつう」のレベルIIで算出している. したがって，表II-8の注釈にあるように，目の前の児童生徒の体位および身体活動等の実態，実際に食べている量，地域の実情等に十分配慮し，学校ごとに基準を算出して，これに基づいて給食を提供していくことが重要である.

■表Ⅱ-11　基礎代謝基準値およびエネルギー蓄積量

年　齢	基礎代謝基準値 (kcal/kg 体重/日)		エネルギー蓄積量 (kcal/日)	
	男子	女子	男子	女子
6～7歳	44.3	41.9	15	20
8～9歳	40.8	38.3	25	30
10～11歳	37.4	34.8	40	30
12～14歳	31.0	29.6	20	25
15～17歳	27.0	25.3	10	10

（厚生労働省：日本人の食事摂取基準, 2020年版）

■表Ⅱ-12　年齢別身体活動レベル

年　齢	身体活動レベル（男女共通）		
	レベルⅠ (低い)	レベルⅡ (ふつう)	レベルⅢ (高い)
6～7歳	1.35	1.55	1.75
8～9歳	1.40	1.60	1.80
10～11歳	1.45	1.65	1.85
12～14歳	1.50	1.70	1.90
15～17歳	1.55	1.75	1.95

（厚生労働省：日本人の食事摂取基準, 2020年版）

① 給与栄養目標量の算出手順

❶ 学年ごとの男女別身長の中央値から標準体重を求める.

学齢期の標準体重は, 年齢とそれに対する男女別係数a・b（表Ⅱ-10）と実測身長から算出する.

計算式
● 身長別標準体重(kg)＝a×実測身長(cm)－b
4学年（9歳）男子の身長中央値を134cmとすると,
身長別標準体重(kg)＝0.687×134－61.390＝30.7

❷ ❶で求めた標準体重から1日当たりの推定エネルギー必要量を求める.

学年ごとの推定エネルギー必要量を求める際に用いる体重は, 平均体重ではなく身長の中央値から身長別標準体重を算出し用いている. 平均体重では, 集団の肥満, 痩身者の割合に左右される可能性があることを考慮している.

計算式
● 推定エネルギー必要量(kcal/日)＝基礎代謝量(kcal/日)×身体活動レベル※＋エネルギー蓄積量(kcal/日)※
$\left[\begin{array}{l} \text{基礎代謝量(kcal/日)＝基礎代謝基準値(kcal/kg 体重 /日)※} \\ \text{×標準体重(kg)} \end{array} \right]$
※表Ⅱ-11, 12参照
4学年（9歳）男子の身長中央値134cm, 標準体重30.7kgとすると,
推定エネルギー必要量(kcal/日)＝(40.8×30.7)×1.6＋25＝2,029

❸ ❷で求めた推定エネルギー必要量の3分の1を学校給食の給与エネルギー量とする.

小学校は, 1, 2学年, 3, 4学年, 5, 6学年ごと, 中学校は, 各学年それぞれの男女別推定エネルギー量から平均値を算出し, 3で除して給与エネルギー量を算出する.

計算式
● 学校給食給与エネルギー量(kcal)＝推定エネルギー必要量÷3
3, 4学年男女平均の推定エネルギー必要量を1,885kcalとすると,
学校給食給与エネルギー量(kcal)＝1,885÷3≒630

❹ たんぱく質, 脂質の給与目標量を求める.

食事摂取基準の目標量（エネルギー比：たんぱく質は13～20%, 脂質は20～30%）を用いて, ❸で算出した給与エネルギー量から算出する.

計算式
● たんぱく質給与量(g)＝給与エネルギー量×0.13～0.20÷4※
給与エネルギー量を630kcalとすると,
たんぱく質給与量(g)＝630×0.13～0.20÷4＝20.5～31.5
20.5g～31.5gの間でたんぱく質給与量を設定する.
一般的には, 中央値26g前後とすることが多い.
● 脂質給与量(g)＝給与エネルギー量×0.20～0.30÷9※
給与エネルギー量を630kcalとすると,
脂質給与量(g)＝630×0.20～0.30÷9＝14.0～21.0
14.0g～21.0gの間で脂質給与量を設定する.
一般的には, 中央値前後とすることが多いが, 学校給食には牛乳が毎食提供されていることから, 19g前後となる.
※体内でたんぱく質4kcal/g, 脂肪9kcal/gのエネルギーを産生する.

その他の栄養素の給与目標量については, 表Ⅱ-9に示したとおり, 食事摂取基準の推奨量, 目標量に対する割合から算出する.

このような手法により算出された栄養素等を一覧にしたものが学校給食摂取基準（表Ⅱ-8）である.

これは，全国的な平均値を示したもので，適用にあたっては弾力的に運用するとされている．実際には，児童生徒の栄養摂取状況を把握し，家庭で不足する栄養素については学校給食で補うように努めている．同時に学校給食のみで補うことには限界があるため，家庭への啓発も行っている．

以上のように設定した給与栄養目標量は，習慣的な摂取量の目標であり，日々の献立では栄養量の振り幅が生じてくる．児童生徒の嗜好などにも配慮しつつ，１週間程度で設定した栄養量に近い値となるようにしていく．

また，エネルギー必要量は児童生徒の成長に伴って増えていく．一度設定した給与栄養量は，身体測定時など一定のタイミングで確認し，必要に応じて見直しを図っていく必要がある．

献立は，小学校は中学年（３，４学年），中学校は２学年の給与栄養目標量に基づいて作成する．副食全体の購入量や配分量は，主食と牛乳を除いたエネルギーの率で案分して算出する．たとえば中学年を１とした場合には，低学年 0.85 倍，高学年 1.1 倍などに案分して，全体の購入量や配食量を決めていく．さらに，児童生徒個々へのエネルギー量の対応は，主食量（おもにごはん）の量で調整するなどの工夫が必要となる．個々の必要エネルギー量をグループ化して，ごはんの量を盛り分けるなどの工夫が行われている．

給与栄養目標量の評価は，児童生徒の喫食状況や残食量などから，提供した量が摂取されているか，また，残食がない場合は量が足りていたのか，給食の満足度はどうなのかなどを把握するとともに，提供された給食を食べて望ましい成長をしているかどうかを身体測定に基づいて評価を行う．給食の効果を判断していくことは，専門職としての栄養教諭の重要な職務となっている．

（２）学校給食費

学校給食の実施および運営に要する経費の負担は，学校給食法第11条，同法施行令第２条により**表Ⅱ-13**に示す負担区分となっている．

光熱水費は，管理的経費の性格が強いことから設置者の負担としている自治体が多い．

学校給食費（食材料費）の算定にあたっては，成長期にある児童生徒の栄養量を満たすことはもとよ

■表Ⅱ-13　学校給食の経費負担について

経費区分	負担区分
食材料費	保護者
光熱水費	保護者または設置者
人件費	設置者
施設設備費	
修繕費	

り，教材として魅力ある学校給食を提供できる金額を設定する必要がある．給食費算定の根拠となる食品構成表が，学校給食実施基準には示されていないので，市町村教育委員会や学校ごとに，地域の特性や児童生徒の実態を考慮した食品構成表の作成が必要となる．

① 学校給食費算定の手順

❶ **食品構成表を作成する．**

・前年度の各食品の年間使用量に可食部率を乗じて年間食品別純使用量を算出する．

・食品構成表は各食品を食品群に分類し，合計を年間延べ給食人数で除して，食品群ごとの一人一食当たり平均純使用量を算出後，一覧表にまとめて作成する．

❷ **❶の食品構成表を用いて栄養量を計算する．**

・食品構成表の設定量と食品群別荷重平均栄養成分表の値から栄養量を計算し，計算値と給与栄養量とを比較する．過不足が生じるようなら，食品構成表の数値を検討する．

・食品群別荷重平均栄養成分表の作成は，食品群別に使用食品の構成比率を求め，その合計が100となるように調整する．食品ごとに食品成分表を用いて成分値を算出し，食品群別に合計した数値をその食品群の荷重平均栄養成分値とする．

❸ **食品群別荷重平均単価表を作成する．**

・食品群別荷重平均栄養成分表の構成比率を重量に置き換え，各食品の年間平均単価を乗じて食品群100g 当たりの荷重平均単価を算出し，一覧表にまとめて食品群別荷重平均単価表を作成する．

❹ **一人一食当たりの学校給食費を算出する．**

・食品群別荷重平均単価表と食品構成表により算出した金額に，物価予想上昇率を乗じて算出する．これに，主食と牛乳の価格を加算して，一人一食当たりの学校給食費とする．

・一人一食当たりの学校給食費は，一部公費負担等により，自治体ごとに差があるが，2021（令和３）

年度の全国の一食当たりの保護者が負担する平均
給食費は，小学校（中学年）256円，中学校300円
となっている．

学校給食摂取基準と給食費の実際について述べ
た．栄養教育実習では，学校給食経営に関する学び
を深めてほしい．

（3）衛生管理

1996（平成8）年，大阪府を含む7つの府県の学
校給食において，腸管出血性大腸菌O157食中毒が
発生し，5名の児童が死亡した．成長期の児童生徒
の健康を守る学校給食において，このような悲惨な
事故を二度と繰り返さないために，文部科学省（当
時は文部省）では，1997（平成9）年に「学校給食
衛生管理の基準」を策定し，食中毒の防止に努めて
きた．しかし，法的な裏付けがなかったために衛生
管理の改善が進まない市町村がみられ，2008（平成
20）年の学校給食法の改正において，第9条に「学
校給食衛生管理基準」が位置付けられた．ここには，
設置者（教育委員会等）や調理場の管理者（校長や
共同調理場長）の責務が明記されている（**表Ⅱ
-14**）．

学校給食衛生管理基準

第9条　文部科学大臣は，学校給食の実施に必要な施設
　　及び設備の整備及び管理，調理の過程における衛生管
　　理その他の学校給食の適切な衛生管理を図る上で必要
　　な事項について維持されることが望ましい基準（以下
　　この条において「学校給食衛生管理基準」という．）を
　　定めるものとする．
2　学校給食を実施する義務教育諸学校の設置者は，学
　　校給食衛生管理基準に照らして適切な衛生管理に努め
　　るものとする．
3　義務教育諸学校の校長又は共同調理場の長は，学校
　　給食衛生管理基準に照らし，衛生管理上適正を欠く事
　　項があると認めた場合には，遅滞なく，その改善に必
　　要な措置を講じ，又は当該措置を講ずることができな
　　いときは，当該義務教育諸学校若しくは共同調理場の
　　設置者に対し，その旨を申し出るものとする．

（学校給食法）

また，「食中毒ゼロ」をめざし，科学的な根拠に
基づいた衛生管理を充実させるために，文部科学省
では，2007（平成19）～2012（平成24）年度に，エ
ビデンスとともに図や写真を用い，誰でもが理解で
きる5種類6冊の衛生管理マニュアルを作成し，全
国の学校給食調理場に配布した．これらは衛生管理
のバイブルとして活用されている．

学校給食衛生管理マニュアル

① 学校給食調理場における手洗いマニュアル
② 調理場における洗浄・消毒マニュアル
　　　　　　　　　　　　Part Ⅰ・Part Ⅱ
③ 調理場における衛生管理&調理技術マニュアル
④ 学校給食調理従事者研修マニュアル
⑤ 学校給食施設・設備の改善事例集
　※このうち，③，④は，市販されている．

このような文部科学省の取組と栄養教諭等をはじ
め学校給食調理従事者の努力の結果，1996（平成8）
年度の食中毒発生件数は18件，有症者数11,651名で
あったが，近年では，発生件数・有症者数ともに減
少している（**図Ⅱ-14**）．

なお，2018（平成30）年6月13日に公布された「食
品衛生法等の一部を改正する法律」等により，2020
（令和2）年6月1日（移行期間1年）からすべて
の食品を製造する施設において，HACCPに沿った
衛生管理を行うことが規定された．しかし，2008（平
成20）年に策定された「学校給食衛生管理基準」は，
すでにHACCPの考えに基づいていることから，学
校給食には特段の対応は求められていない．

栄養教育実習においては，食に関する指導の教材
である学校給食がどのように衛生管理に配慮して調
理されているのか，しっかり学習してほしい．

■表Ⅱ-14　学校給食衛生管理基準のおもな内容

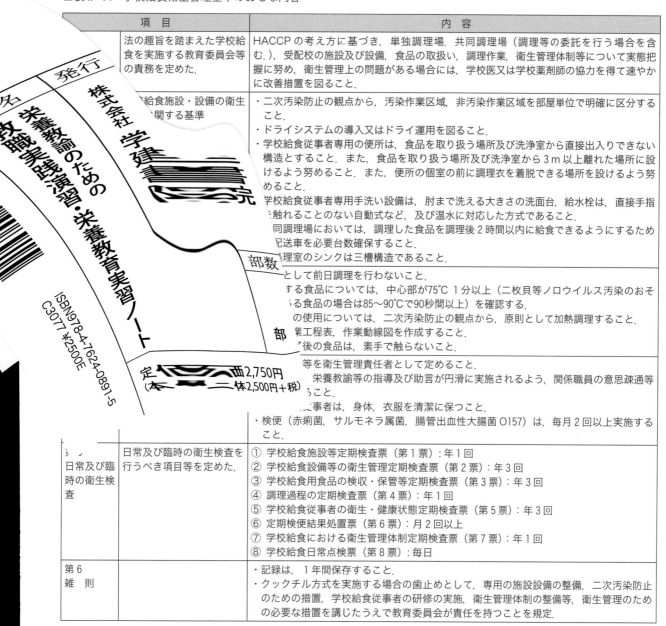

項　目	内　容
法の趣旨を踏まえた学校給食を実施する教育委員会等の責務を定めた.	HACCP の考え方に基づき，単独調理場，共同調理場（調理等の委託を行う場合を含む.），受配校の施設及び設備，食品の取扱い，調理作業，衛生管理体制等について実態把握に努め，衛生管理上の問題がある場合には，学校医又は学校薬剤師の協力を得て速やかに改善措置を図ること.
給食施設・設備の衛生に関する基準	・二次汚染防止の観点から，汚染作業区域，非汚染作業区域を部屋単位で明確に区分すること. ・ドライシステムの導入又はドライ運用を図ること. ・学校給食従事者専用の便所は，食品を取り扱う場所及び洗浄室から直接出入りできない構造とすること．また，食品を取り扱う場所及び洗浄室から 3 m 以上離れた場所に設けるよう努めること．また，便所の個室の前に調理衣を着脱できる場所を設けるよう努めること. ・学校給食従事者専用手洗い設備は，肘まで洗える大きさの洗面台，給水栓は，直接手指に触れることのない自動式など，及び温水に対応した方式であること. ・共同調理場においては，調理した食品を調理後 2 時間以内に給食できるようにするため配送車を必要台数確保すること. ・調理室のシンクは三槽構造であること.
	・原則として前日調理を行わないこと. ・加熱する食品については，中心部が75℃ 1 分以上（二枚貝等ノロウイルス汚染のおそれのある食品の場合は85～90℃で90秒間以上）を確認する. ・の使用については，二次汚染防止の観点から，原則として加熱調理すること. ・業工程表，作業動線図を作成すること. ・後の食品は，素手で触らないこと.
	・等を衛生管理責任者として定めること. ・栄養教諭等の指導及び助言が円滑に実施されるよう，関係職員の意思疎通等ること. ・事者は，身体，衣服を清潔に保つこと. ・検便（赤痢菌，サルモネラ属菌，腸管出血性大腸菌 O157）は，毎月 2 回以上実施すること.
日常及び臨時の衛生検査	日常及び臨時の衛生検査を行うべき項目等を定めた.	① 学校給食施設等定期検査票（第 1 票）：年 1 回 ② 学校給食設備等の衛生管理定期検査票（第 2 票）：年 3 回 ③ 学校給食用食品の検収・保管等定期検査票（第 3 票）：年 3 回 ④ 調理過程の定期検査票（第 4 票）：年 1 回 ⑤ 学校給食従事者の衛生・健康状態定期検査票（第 5 票）：年 3 回 ⑥ 定期検便結果処置票（第 6 票）：月 2 回以上 ⑦ 学校給食における衛生管理体制定期検査票（第 7 票）：年 1 回 ⑧ 学校給食日常点検票（第 8 票）：毎日
第 6 雑　則	・記録は，1 年間保存すること. ・クックチル方式を実施する場合の歯止めとして，専用の施設設備の整備，二次汚染防止のための措置，学校給食従事者の研修の実施，衛生管理体制の整備等，衛生管理のための必要な措置を講じたうえで教育委員会が責任を持つことを規定.

（学校給食衛生管理基準，平成21年文部科学省告示第64号）

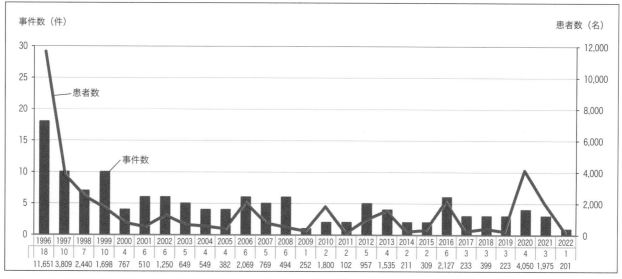

■図Ⅱ-14　学校給食における食中毒発生状況（1996～2022年度）　　　　　（文部科学省データ）

（4）生きた教材としての学校給食

　学校給食の栄養管理は、児童生徒の体位、活動量、食事の摂取状況等のアセスメントをふまえ、学校給食摂取基準の考え方に基づいて献立作成を行う（p.40参照）．また、予算を考慮することや安全・安心な学校給食の提供に努めなければならない．

　そのうえで、児童生徒に提供する給食は、食に関する指導の「教材」として活用できるものでなければならない．栄養教諭は、そのことを前提として献立作成や食材の選定等を行っている．

　学校給食が学級担任や教科担任等に、教科等の「教材」として活用されるためには、「年間献立計画」を作成し、提示しておくことが大切である．

　たとえば、4月の旬の食材である「筍」を4月中旬の給食に使用することを「年間献立計画」に示しておくことで、小学校2学年の学級担任は、国語科の「たけのこぐん」の単元で給食の「たけのこご飯」を活用するため、提供される日に授業日を合わせたり、生活科の「学校の春をみつけよう」で学校の竹林を見せたいと考えたりする．

　同じ筍を使った献立でも、該当する学年ではそのまま教科等の教材になるが、他学年では活用の仕方が異なる．5学年の学級担任は社会科「日本の地形と気候」で筍を扱い、筍の種類や北限を切り口に単元のねらいを達成しようと考える場合もある．

　このように「筍」を教材として学習を拡げ、発展させることができる．さらに、昼の放送で筍を取り上げたり、栄養教諭が大きな筍の実物を児童生徒に見せたりすることで、児童生徒の関心や学習意欲を一層高めることができる．

　また、ある日の給食が、学級活動の教材になったり、全学年で同じように指導できたりする献立もある．

　たとえば、よく噛んで食べることを意識させるための「かみかみ給食」である．歯の衛生週間に、よく噛む食材を使ったかみかみサラダ（ごぼう、するめ、ナッツ類を使ったサラダ）を提供することで、学級活動で取り上げたり、給食の時間に全校でむし歯予防の指導をしたりできる．

　さらに、地域に伝わる郷土料理や伝統料理を給食で提供する際に、地場産物を活用することで、児童生徒が気候風土や伝播の歴史および経路を学ぶとともに、生産や流通に携わる人々の努力や工夫を理解し、感謝するなど、さまざまな効果が期待できる（図 II-15）．

　このため、「年間献立計画」は、地域の特徴（旬の食材や地場産物、行事食、郷土料理、伝統料理等）をふまえ、取り入れる食品や料理に反映させて作成する．

　食に関する指導の全体計画では、食に関連する単元や題材を洗い出し、どの時期に、どの教科で、どの学年が何を学ぶかを整理してあるので、その学習内容と「年間献立計画」を関連させる必要がある（表 II-15）．

　栄養教諭は、食に関する指導の全体計画と年間献立計画をもとに、次の事項に配慮し、意図的、計画的に献立作成をしている．
○　学校給食の関連事項
・食に関する指導の月目標
・旬の食材
・使用する地場産物
・行事食（端午の節句、七夕等）
・地域に伝わる郷土料理・伝統料理等
○　教科等との関連事項
・どの学年が
・どの時期に
・どの教科で
・どのような食に関する指導の内容か

　このように、給食が生きた教材といわれる理由は、見て、食べて、感じて、さまざまな教科等の学習にも活用できるからであり、食の力で児童生徒の興味・関心が高まり、意欲的に学習に取り組むことができる．

　しかし、教材として活用されるためには、「給食がおいしい」ということが最も大きなポイントである．給食がおいしくなければ、食に関する指導が上手であっても、資質能力の高い栄養教諭として評価されないのは当然のことである．

白飯　牛乳　太刀魚のから揚げ
たまねぎサラダ　つみれ汁

太刀魚やいわしが獲れる海岸地域の学校の給食である．
海の幸が豊富な献立となっている．

■図Ⅱ-15　地場産物を使用した献立例

■表Ⅱ-15　学校給食の年間献立計画例

月	月目標 食に関する指導	月目標 給食指導	献立目標	週	旬の食材	地場産物	★行事食 ●食文化の継承 ◆意識強化献立　等	関連教科等
4	食べ物の名前を知ろう	きちんとしよう 給食の準備を	旬の食べ物	2	水菜 ねぎ	にら 玉ねぎ	★入学進級お祝い お祝いデザート	学級活動「給食のやくそく」全学年 社会「県の様子」4年
				3	たけのこ 小松菜(通年)	キャベツ 鰆	●たけのこご飯 鰆の西京焼き	国語「たけのこぐん」2年 生活「学校の春をみつけよう」2年
				4	生しいたけ (通年) えのきたけ (通年)	たけのこ 清見オレンジ	若竹汁 ●ちらし寿司	社会「日本の気候と地形」5年
5	献立の名前を知ろう	きちんとしよう 給食の後片付けを	地域の食材を知る	1	大根 キャベツ	じゃがいも ミニトマト	★●こどもの日　柏餅 野菜のスープ煮（キャベツ）	生活「たねをまこう」1年 生活「やさいをそだてよう」2年
				2	きゅうり 水菜	グリンピース かぶ	●豆ごはん かぶのサラダ	生活「まめむきをしよう」2年 家庭「おいしい楽しい調理の力」5年
				3	ねぎ ピーマン	ひじき　大根 ホタテ	春野菜のごまだれ ●ホタテフライ	理科「動物のからだのつくりと運動」4年 理科「動物のからだのはたらき」6年
				4	オクラ ホタルイカ	河内晩柑 ホタルイカ	春野菜のごまだれ ●ホタルイカの天ぷら	理科「植物の発芽と成長」5年
6	食べ物の産地を知ろう	よく噛んで食べよう	カルシウム強化	1	アスパラガス トマト 大根　キャベツ	小魚　大豆 ミニトマト ごぼう	◆かみかみ献立 きんぴらごぼう かみかみサラダ ミニするめ	学級活動「よく噛んで食べよう」全学年 社会「寒い土地のくらし」5年
				2	きゅうり かぶ　水菜	大根　クルミ かぶ　するめ		社会「日本の食料生産の特色」5年 社会「狩猟・採集や農耕の生活」6年
				3	ねぎ にら	チンゲンサイ いんげん　すいか	野菜のスープ煮(チンゲンサイ) ナムル（にら）	体育「毎日の生活と健康」3年 理科「どのくらい育ったかな」3年
				4	オクラ ピーマン	さくらんぼ メロン とび魚	●オクラの天ぷら ピーマンの肉詰め	理科「花から実へ」5年

▌5 養護教諭との連携

　養護教諭は，健康診断，疾病予防，救急処置などの保健管理，保健教育，健康相談活動，保健室経営，保健組織活動等を行い，日々の児童生徒の健康状態を把握している．

　栄養教諭は，児童生徒の健康の保持増進と成長を担う学校給食の運営や学校における食育を推進するうえで，養護教諭との連携は欠かすことができない．

　養護教諭と栄養教諭がお互いに尊重し合い，それぞれの専門性を生かし協力して取り組むことが大切である．日ごろから情報交換をするなどして，養護教諭と良好な関係づくりを心がける必要がある．

　また，共同調理場を兼務する場合でも，学校給食担当者会や学校訪問等の機会を通して，受配校の養護教諭と連携がとれるようにしておくことが大切である．

① チーム学校のなかの保健指導部

　養護教諭は，学校内の保健指導部や学校保健委員会等の組織的な体制のなかで，コーディネーター的な役割を果たしている．養護教諭を通じて，学校医や学校薬剤師，関係機関との連携を深めることも必要である．

② 学校給食摂取基準の算定

　学校給食の栄養管理のもととなる「学校給食摂取基準」は，児童生徒の身体測定の結果と実態に合わせて算定されるため，養護教諭の理解を得て，情報を共有する．身体計測の結果は，個人情報であるから，取り扱いには十分注意する．作成した資料やデータも共有し，成長曲線を活用して児童生徒の健康課題の解決につなげる．

③ 食物アレルギー疾患等への対応

　食物アレルギーを有する児童生徒の学校給食での対応は，「食物アレルギー対応委員会」で決定する．実態調査等で得た情報は，「学校生活管理指導表」と照らし合わせ，処方薬やエピペンの保管場所，事故発生時の対応等について，養護教諭や学級担任等と共通理解を図っておく．

　また，その他の疾患を有する児童生徒についても情報を共有する．

④ 職員研修の実施

　学校では，全教職員の理解を深めるために，職員研修を実施する．そのなかで食物アレルギー対応，熱中症対策，嘔吐物の処理，緊急時対応等は，養護教諭と連携し，エピペン，嘔吐物処理セットの使用方法等について，具体的な演習を取り入れて研修を行うと効果的である．

⑤ 授業への参画

　特別活動や体育（保健分野）・保健体育などの教科等の単元や題材に応じて，学級担任や教科担任を中心に養護教諭と連携して授業を行うことがある．

　授業においては，児童生徒の実態把握や役割分担，立ち位置，教材作成等を確認し，打合せを十分に行うことが大切である．

　栄養教諭と養護教諭がそれぞれの専門性を生かして支援・指導することにより，児童生徒の興味・関心が高まり，課題解決の意思決定につながる．

⑥ 委員会活動

　給食委員会と保健委員会がタイアップし，全校集会や文化祭等で発表することがある．栄養教諭と養護教諭が連携し，児童生徒が主体的に取り組めるよう支援する．児童生徒の活動は，保護者の理解を得たり，家庭の生活改善につなげたりするよい機会である．

　栄養教育実習においては，栄養教諭と養護教諭がどのように連携しているのかを学んでほしい．

歯と口の健康をテーマにした取組事例の流れ

> ① 学校保健委員会において，う歯（むし歯）罹患率や治療状況の改善を目的としたテーマを設定する．
> ② 養護教諭と連携して「歯と口の健康チェック」や「夏休みカミカミ日記」などの具体的な取組を計画する．
> ③ 食育推進委員会で選定したカミカミ日記は，校内に掲示したり，レシピを食育だよりに掲載したりすることができる．
> ④ 保護者参観で，歯の磨き方やよく噛んで食べることの大切さについて，養護教諭とともに講話を行う．

6　学校・家庭・地域との連携

栄養教育実習では，家庭や地域と連携した食育の推進方法や内容，栄養教諭が果たす役割を具体的に学ぶ．

（1）連携における栄養教諭の役割

栄養教諭は，学校内外の食に関する指導の調整役（コーディネーター）として，家庭・地域との連携や学校間の連携を図りながら，食育を推進していく役割を担っている．

児童生徒が望ましい食習慣を形成するために，実践の場である家庭との連携を図るとともに，地域の食に関する専門家や関連機関の力を活用して取り組むことが大切である．家庭・地域の実態把握の結果や食に関する課題，地域の食育推進計画等をもとに，児童生徒の課題改善の方策について，食に関する指導の全体計画に盛り込み，日々の学校給食や指導に反映させる．

（2）家庭との連携

児童生徒の食事回数の5/6を占める家庭には，食育の第一義的な役割があるが，家庭によっては，食育の取組が不十分な場合もある．

そのため，学校では，児童生徒が学校で学んだことを家庭の食生活で実践できるように，家庭に対し啓発を行うとともに，連携を密にする必要がある．
- ○ 献立表，給食だより，食育だより
- ・行事食や郷土料理，地域の産物，旬の食材等を献立に取り入れた意図や望ましい食生活のあり方について，わかりやすく知らせる．その際には，家庭の食生活に取り入れやすい具体的な方法を示すとともに，家庭からの返信欄を設けるなど双方向の情報交換となるよう工夫する．
- ○ 学校給食試食会の開催
- ○ 学校公開日等に食に関する授業を実施
- ○ 学校行事，保護者来校日等に学校給食や食育推進状況について説明または資料の掲示
- ○ 親子料理教室の開催
- ○ PTCA（PTA にコミュニティの頭文字：C を入れた組織）と共催による食育講演会の実施等

（3）地域との連携

地域の郷土料理や産物を学校給食に取り入れたり，食に関する知識や経験のある人材を活用したりすることは，児童生徒が地域の食文化や食に関わる産業に関心をもち，自然の恵みや地域の人々に感謝する心をはぐくむとともに，食文化の継承につながることが期待できる．
- ○ 地場産物を活用して，地域に伝わる行事食や郷土料理を給食に取り入れる．
- ○ 給食食材の取り扱い業者や生産者との交流
- ・出前授業
  牛乳業者による「牛乳のできるまで」，「牛乳の栄養」の講義，「バターづくり」の実習
- ・生産者や納入業者を学校給食に招待
- ○ JA の担当者や食生活改善推進委員を体験活動の講師として招聘
- ○ 学校保健委員会の開催
- ・学校医や学校歯科医，学校薬剤師，保健センターの管理栄養士等を招聘して，児童生徒の健康課題とその改善策について話し合う．

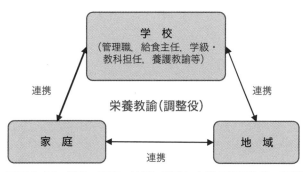

■図Ⅱ-16　学校・家庭・地域の連携における栄養教諭の役割

7　生徒指導

　生徒指導とは，一人一人の児童生徒の人格を尊重し，個性の伸長を図りながら，社会的資質や行動力を高めることをめざして行われる教育活動のことをいう．したがって，学校でふだんから行われている児童生徒への働きかけのほとんどは，生徒指導ということである．

　日常の学校生活のなかで，教員が生徒指導を行うことは職務であり，児童生徒と信頼関係を築いておくことが何よりも大切である．児童生徒が教員の指導に納得することができなければ，教員に対する不信感だけが残ってしまう．教員には，児童生徒とともに過ごす学校生活のなかで，児童生徒の集団での状態や心理を理解し，ニーズを把握する能力が求められる．

（1）始業前

　毎日勤務する教員であっても，児童生徒が登校すると，児童生徒の行動に目を向けることになり，落ち着いて自分の仕事をする時間をもてない状況になる．そのため，児童生徒よりも先に学校や教室に入り，環境整備をしながら気持ちを落ち着かせ，その日一日の計画をシミュレーションして段取りを考えている．

　栄養教育実習の期間中は，児童生徒が登校してくる30分前には担当する学級の教室に入るようにして，気持ちに余裕をもって行動することが大切である．

〔学校での環境整備例〕
・窓を開けて，空気を入れ換える．
・机や椅子をきちんと並べる．
・黒板はきれいか確認する．
・掲示物がはがれていないか確認する．　など

　児童生徒が登校してきたら，明るい笑顔と挨拶で迎え，児童生徒の反応や表情，声の大きさ等から元気に登校できているか，様子に変わりはないかを確認していく．

（2）朝の会，帰りの会

　朝の会と帰りの会は，教育課程に位置付けられていない活動である．しかし，朝の会を行うことで，児童生徒はその日一日の計画を見通して学校生活を過ごすことができる．また，帰りの会は，一日を振り返り，明日も元気に頑張ろうと意欲を高める大事な時間となる．

　栄養教育実習では，朝の会や帰りの会を観察することで，学級担任の声かけや児童生徒の司会や係が発表する姿，その話を聞いている児童生徒の様子などからその学級の状況を知ることができる．

　通常，児童生徒が朝の会をしている時間は，栄養教諭は調理場内で給食調理員の健康状態の確認や打合せを行い，使用水の残留塩素濃度の測定等，衛生管理責任者としての業務を行っている．また，当日の学校給食に使用する食材の納品時間とも重なっているため，特別の用件がないかぎり，朝の会に参加することはできない．

　栄養教育実習中であるからこそ，この時間に教室で児童生徒とともに過ごすことができるため，授業中とは異なる児童生徒の観察と実態把握に努めたい．

朝の会・帰りの会のプログラム例

朝の会	帰りの会
① 朝のあいさつ	① めあて（目標）の振り返り
② 出席確認・健康観察	② 係・委員会からの連絡
③ 今日のめあて（目標）	③ 担任からの連絡
④ 係・委員会からの連絡	④ 帰りのあいさつ
⑤ 担任からの連絡	

（3）休み時間

　小学校では，一般的に，授業と授業の間の5〜10分の休み，2時間目と3時間目の間の20分の中休み，昼休みが設定されている．学級担任は，休み時間を児童生徒と一緒に過ごす場合もあるが，次の授業の準備や他の教員との連絡，児童生徒の連絡帳に目を通すなどの業務を行っている．

　実習中は可能な範囲で，休み時間に児童生徒と一緒の時間を過ごすことで，児童生徒がどのようなことに興味をもっているか，ふだんどのように過ごしているかを知ることができる．いろいろな場面で児童生徒のよいところを見つけてほめることは，児童生徒の自己肯定感を高めることにつながる．

（4）給食の時間

　給食の時間の指導では，給食の準備，会食，後片付け等の一連の指導を繰り返し行うことができる．

各学校では，教職員の共通理解が図られたうえで給食指導のきまりがつくられている．学級担任は，そのきまりに沿って給食指導を行っている．

栄養教育実習では，担当する学級に食物アレルギー等の疾病や，対応に配慮が必要な児童生徒がいないかを事前に学級担任等に確認しておくことが必要である．

〔給食の時間の指導例〕

① 準　備

●協力して，衛生に気を付けて盛り付け・配膳しましょう．

○ 給食当番活動前に「給食当番健康チェック表」で体調が悪い児童生徒はいないかを確認しましょう．

自分から体調不良を申し出ることができない児童生徒もいるため，授業中から体調を観察しておき，体調が悪そうにしている児童生徒には，声かけをして確認する．

○ 石けんを用いた手洗い，給食着・帽子・マスクの着用を徹底させましょう．

給食当番活動をしない児童生徒も石けんを使って手洗いを済ませ，着席して静かに待つように指導する．

○ 盛り付け・配膳の分担を明確にしましょう．

学級担任は，同じ児童生徒がいつも同じ仕事をすることがないように分担表を作成し，児童生徒に自分が何の係であるかを理解させ，スムーズに盛り付け・配膳ができるように指導する．

●栄養教諭はこんな視点で児童生徒を見ています●

配膳室（給食室）
・給食着をきちんと身に着けているか．鼻がマスクから出ていないか．
・静かに並んで給食を取りに来ることができているか．
・挨拶はきちんとできているか．
・食器や食缶等の持ち運びに注意しているか．
教　室
・配膳台は清潔か，給食当番活動はスムーズに行われているか．
・盛り付けはきれいか，量は適量か．
・配食量やおかわりの様子から，個々の児童生徒の嗜好や食生活の背景はどのようであるか．
・食物アレルギーを有する児童生徒への配膳が適切に行われているか．

② 会　食

●好き嫌いしないで，何でも食べられる児童生徒に育てましょう．

○ 食べることに集中し，時間内に食べ終えることができるよう指導をしましょう．

集中して食べることを日常生活に生かせるよう指導する．

○ 遅食や苦手な食べ物がある児童生徒を把握し，声をかけていきましょう．

学級によっては食べる量が少なく，残食が多いところもある．学級活動や教科等の食に関する指導と関連付けた指導を行い，個に応じて盛り付けられた給食を残さず食べる意識をもつよう指導する．

○ 食べ終えた後，立ち歩いたりしないよう，学級活動等で指導しておきましょう．

早く食べ終わったときは，静かに待つなど学級のきまりをつくり，学級全体で守っていくことができるよう指導する．

●栄養教諭はこんな視点で児童生徒を見ています●

・おいしそうに食べているか，食べるときのスピードがいつもと比較して速いか，遅いか，おかわりの様子はどうか，その様子から児童生徒の健康状態はどうか．
・食べるときの姿勢はどうか，食器を持って食べているか，ひじをついていないか，箸の持ち方は正しいかなど，食事のマナーができているか．
・学級担任や栄養教諭が食に関する指導を行う際の，児童生徒の話を聞く姿勢から，食べることへの興味・関心・意欲はあるか．

③ 後片付け

●給食のきまりを守り，きれいに片付けましょう．

○ 給食のきまりを守って，食器等の返し方やごみの処理ができているか，確認しましょう．

○ 食事後の手洗いが実施されているか，確認しましょう．

新型コロナウイルスの感染拡大防止対策として，文部科学省では2020（令和2）年に『学校における新型コロナウイルス感染症に関する衛生管理マニュアル～学校の新しい生活様式～』を作成し，手洗いの徹底を推奨している．

配膳室（給食室）
・静かに並んで食器等を返しに来ることができているか，廊下の右側を歩くことができているか．
・御礼の挨拶はきちんとできているか．
・食器かごの中の食器がそろっているか，きまりを守って後片付けができているか．
・食器かごや食缶は決められた場所に置くことができているか．
・ごみの分別はきちんとできているか．
・各学級の返却された食缶の中を見て，喫食状況はどうか．
・給食委員会で決められた役割を協力してできているか．

（5）清掃時間

清掃指導は，学年や校種など児童生徒の発達段階に応じた指導が大切である．清掃活動は，決められた時間内に効率よく行う必要があるため，清掃の手順を示すだけでなく，教員が率先して模範を示し，清掃の仕方や活動への臨み方を指導していく．

小学校では，学年によって，できることに差がある．そのため，1年生から6年生までの縦割り班で清掃活動を行っている場合もある．この場合，上の学年が下の学年に教えることで，上級生としての意識や態度を育てることができる．

また，児童生徒が意欲的に清掃活動に取り組むことを意識した指導を行うことが大切である．

栄養教育実習では，学級の児童生徒と一緒に清掃活動を行い，その様子をよく観察し，必要に応じて指導したり，ほめたりすることで意欲を高めることができる．

（6）登下校指導

児童生徒が登下校する時間帯は，交通量が多いことが予測される．そのため，交通ルールやマナーについての指導を行う．また，教員も定期的に児童生徒の下校を引率して，通学路に危険個所はないか，安全確認をしていくことが必要である．

栄養教育実習中は，児童生徒が危険な行為をしていないか，ふだんの登下校時の様子を観察して，必要に応じた指導を行う．

8　研究授業（査定授業）

2004（平成16）年，文部科学省は栄養教育実習について想定される具体的な内容として教科等における指導の実習を示しており，これに基づき栄養教育実習では，研究授業を行うことになっている．

実習校により，担当学年や授業内容も異なるので，児童生徒の実態や課題を十分に把握し，入念な教材研究を行い，研究授業に臨む必要がある．

（1）指導案の作成

学習指導案は，授業を構想する際の設計図であり，授業を行う際の進行表となる．さらに，実施後には，授業の記録となり，次の構想への準備となるものであることから，指導の意図や児童生徒の学習活動，支援や指導方法，児童生徒の学びなどがわかるように記載する必要がある．

学習指導案の書き方・構成に決まった書式はないが，学校の教育目標や教育活動，当該教科等の既習事項や単元・題材の関連性・系統性，他教科等との関連なども明記することが求められている．栄養教育実習では，とくに既習事項を確認して指導案を作成することが重要である．

食に関する指導と関連しているおもな教科は，社会科，理科，生活科，家庭科，技術・家庭科，体育科，保健体育科，道徳科等のほか，総合的な学習の時間，特別活動である．当該教科等の目標や内容を児童生徒に身に付けさせ，目標がよりよく達成されることを第一に考えて，その実現過程に「食育の視点（食事の重要性，心身の健康，食品を選択する能力，感謝の心，社会性，食文化）」を位置付け，意図的に指導することが重要である．

とくに，特別活動の学級活動の指導内容（2）「日常の生活や学習への適応と自己の成長及び健康安全」では，「自己の課題の解決」を取り上げる特質がある．一人一人の食生活課題の改善を目的とした食に関する指導は，集団に対して行い，改善策を個人で意思決定することを通して，児童生徒の行動変容につなげる時間である．

一般的な学習指導案の書き方・構成の手順は次のようになる．

① 単元名

基本的には「単元名」であるが，家庭科や学級活

動では「題材名」となる．単元・題材（以下「単元等」という．）名では，育てたい力がわかり，児童生徒の興味・関心を高め，活動がみえる表現となるよう工夫する．

② 目　標

この単元等で達成したい児童生徒の姿「めあて」を記述する．この場合，評価計画と本時の目標は必ず一致させる．学力の三つの柱である「知識・技能」，「思考力・判断力・表現力等」，「学びに向かう力・人間性等」に基づいた目標設定を行う．

③ 教材観（題材観）

児童生徒の実態を，めざす児童生徒の姿にするために有効と考えられる教材・教具やその工夫を記述する．教材に対する考え方や指導のねらい・内容・意義等について明記する．

④ 児童観（生徒観）

単元等についての児童生徒の認識や実情，興味・関心等の実態を明記する．事前アンケートを実施したり，関係する調査資料等を参考にしたりする．

⑤ 指導観

教材観，児童観（生徒観）をふまえて学習形態，指導の工夫・手立てを具体的に記述する．指導観は，指導者（教員・栄養教諭）に視点をあてた授業評価につながる．

⑥ 指導計画と評価

単元等全体を通して学習がどのように展開するのかがわかるように，各時間で扱う学習内容を簡潔に書くのが指導計画である．評価は，各時間の学習活動で，重点を置く評価の観点，学力の三つの柱に基づいて設定する．

⑦ 本　時

本時案では，目標，食育の視点，評価，展開，板書計画等がある．主体的・対話的な深い学びに向けて，ペアおよびグループ学習を積極的に取り入れる．とくに学級活動の指導展開では，話し合い活動を通して，個に応じた具体的な実践方法や「めあて」，すなわち「意思決定」を行う時間の設定が重要である．

教科等の単元等は数時間単位で構成されているが，栄養教育実習における授業実践は１時間単位で扱われる学級活動が多い．本書では，学級活動の指導案を取り上げ，作成のポイント（図Ⅱ-17）および具体例（図Ⅱ-18）を示した．

（2）教科等の特質をふまえた教材研究

教材は，狭義にとらえると，教科書や授業中に使用する道具・資料等のことであるが，広義には，児童生徒の学びを支援するすべてのものととらえることができる．学習指導要領の内容を児童生徒に教えるときの仲立ちをするものと考えることもできる．教材は，児童生徒の実態に即してわかりやすく具体化し，単元等のなかでいかに構築し，展開させていくかがポイントとなる．そのため，研究授業では，教科書だけでなく，学習指導要領も十分に読み込んでおく必要がある．

また，各学校においては，すでに各教科等の指導内容を教材化し，年間指導計画に位置付けているので，実習ではそれらに基づいた指導となる．

狭義の教材研究では，児童生徒の発達段階および実態に即した教材・教具を工夫することが大切である．とくに，学校給食を教材として活用することは，体験を通した学習となり，給食の管理と食に関する指導を一体とした栄養教諭の専門性を生かした授業となる．

よい教材・教具は次のような観点で選ぶ．

① 児童生徒が共有化でき，やさしすぎず，難しすぎない．

② 児童生徒の感情や思考をゆり動かすような疑問や矛盾を含んでいる．

③ 児童生徒の興味を引き，魅力がある．

④ 視覚的にわかりやすい．

教材の選択は，授業のねらいを達成するためにどれが最も効果的であるか，複数の教材を検討することが大切である．実物，模型等を見せることは効果的である．模型等を作成する場合は，見やすく，わかりやすくなるよう大きさや色，形を工夫する．紙芝居や写真，VTR等を見せる場合は，最後列の席からでもはっきり見える文字の大きさや見やすい色にする．資料やプリント教材等も学習形態に応じた大きさ，数を揃えるようにする．

板書は，学習過程，思考の流れを示すもので，板書計画は授業の見取り図ともいわれる．板書の機能には，次のようなことがある．

① 課題提示により，自覚を促し，関心や思考を視覚化する．

② 学級全員で課題や情報，手立てを共有化する．

③ 多様な考えや手立ての整理により，「めあて」を

焦点化する.

④ 意見や資料等の提示により,学習の流れと見通しを把握する.

⑤ 課題解決のポイントを明示する.

⑥ 思考過程を確認し,学習内容を焦点化する.

以上のことをふまえ,研究授業前には板書計画を入念に検討し,文字の大きさや既習漢字等を確認しておく.

デジタル教材を活用した電子黒板は,連続した切り替え表示に優れている.しかし,画面を変えると表示内容が一瞬で消えるため,大事なことや学習のめあて,まとめ等は通常の黒板のほうが向いているといえる.さらに,ICTを過信するあまり,教育の目標や内容があいまいになってしまったり,誤った情報に振り回されたりすることがないよう注意が必要である.

（3）学級活動の授業を成功させる8つのポイント

食に関する指導の多くは,学級活動内容（2）で取り扱う（p.26参照）.

望ましい授業展開には,図Ⅱ-17の8つのポイントが考えられる.これは,教師の考え（姿勢・備え）であり,指導の手順でもある.

（4）学習指導案等

以下のとおり示す.
・学級活動学習指導案様式（図Ⅱ-18）
・学級活動学習指導案例（図Ⅱ-19～21）
・技術・家庭科学習指導案例（図Ⅱ-22）

（5）研究授業

指導案や教材ができたら,授業実践に向けた事前準備が何よりも大切である.児童生徒にとって大事な時間であり,楽しいだけで終わることのないよう,何度もシミュレーションを重ねたい.また,授業内容ばかりに目が行きがちだが,授業の主役は児童生徒である.これまでともに過ごした児童生徒とともにつくる授業を楽しむことが大切である.

授業を行うにあたっては,授業の開始と終了時刻をしっかり守ることが大切である.児童生徒の学習と生活のリズムを整えることは,学習意欲の向上につながるといわれている.

授業を開始する前に,教室の環境や学習用具を確認する.児童生徒と目を合わせ,姿勢を正して挨拶をすることにより,授業の開始がスムーズになる.

1時間の授業の流れは,次のとおりである.

① 導入（5分程度）…授業の見通しや本時の学習課題を提示するとともに,本時の学習に向けて児童生徒の心をつかむ時間とする.

② 展開（30～40分）…ねらいにせまり,専門性を生かして授業を進める時間である.一方的に話し,教えようとするのではなく,児童生徒が考えたり活動したりする時間を十分にとることで,学びが深まる.ペア,グループおよび全体等,目的に応じた学習形態を工夫する.

③ 終末（5～10分）…本時の学習をノートやワークシートにまとめ,振り返りをし,次時につなぐ時間とする.終了時刻になったら,全員に目配りし,姿勢や表情を確認,挨拶をして,定刻に授業を終わらせる.途中になったとしても切り上げることが,児童生徒の学習意欲につながることもある.

授業は,指導案どおりには進まないものである.ましてや,はじめての研究授業は,うまくいかなくて当然である.自分が思っていたように進まないことや,想定とは違う発言をする児童生徒もいる.そのようなときこそ落ち着いて,児童生徒の発言に耳を傾け,その真意や背景を理解し,展開することで,児童生徒の心に寄りそった,よい授業になることもある.

授業が終わったら,すぐにワークシート等をチェックし,児童生徒の評価を担任教諭に提出する.

（6）事後研究会

研究授業を参観した教員や指導教員等が参加し,事後研究会が行われる.

以下の視点で,自分の授業を振り返る.
・児童生徒の表情や発言,ノート,ワークシート
・発問や切り返し
・支援のあり方
・学習環境や授業規律 など

指導教員等からは,よりよい授業にするために,さまざまな指導や助言があるので,謙虚に受け止め,授業改善に努めることが大切である.

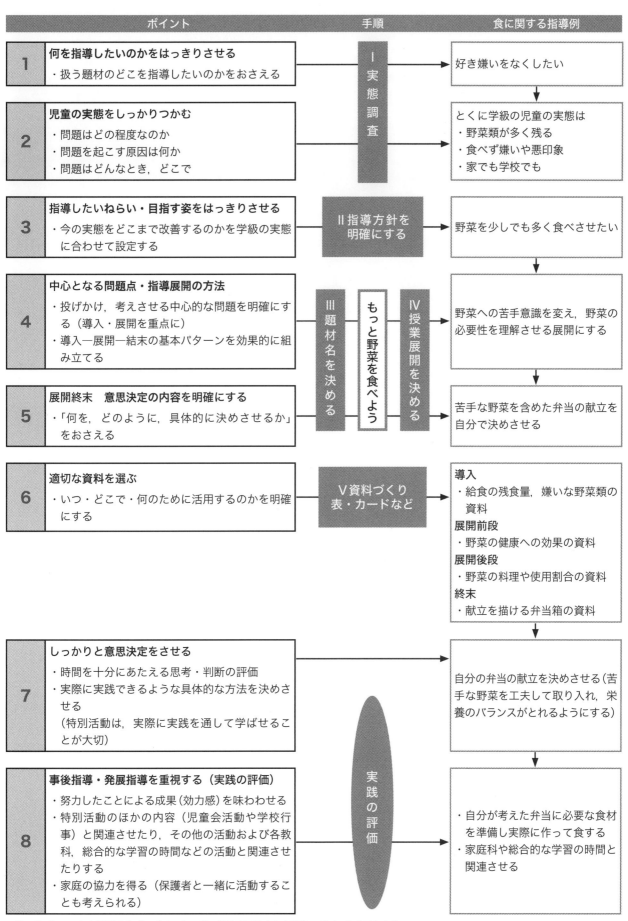

ポイント	手順	食に関する指導例

1 何を指導したいのかをはっきりさせる
・扱う題材のどこを指導したいのかをおさえる

I 実態調査

好き嫌いをなくしたい

2 児童の実態をしっかりつかむ
・問題はどの程度なのか
・問題を起こす原因は何か
・問題はどんなとき，どこで

とくに学級の児童の実態は
・野菜類が多く残る
・食べず嫌いや悪印象
・家でも学校でも

3 指導したいねらい・目指す姿をはっきりさせる
・今の実態をどこまで改善するのかを学級の実態に合わせて設定する

II 指導方針を明確にする

野菜を少しでも多く食べさせたい

4 中心となる問題点・指導展開の方法
・投げかけ，考えさせる中心的な問題を明確にする（導入・展開を重点に）
・導入—展開—結末の基本パターンを効果的に組み立てる

III 題材名を決める / もっと野菜を食べよう / **IV 授業展開を決める**

野菜への苦手意識を変え，野菜の必要性を理解させる展開にする

5 展開終末　意思決定の内容を明確にする
・「何を，どのように，具体的に決めさせるか」をおさえる

苦手な野菜を含めた弁当の献立を自分で決めさせる

6 適切な資料を選ぶ
・いつ・どこで・何のために活用するのかを明確にする

V 資料づくり 表・カードなど

導入
・給食の残食量，嫌いな野菜類の資料
展開前段
・野菜の健康への効果の資料
展開後段
・野菜の料理や使用割合の資料
終末
・献立を描ける弁当箱の資料

7 しっかりと意思決定をさせる
・時間を十分にあたえる思考・判断の評価
・実際に実践できるような具体的な方法を決めさせる
（特別活動は，実際に実践を通して学ばせることが大切）

自分の弁当の献立を決めさせる（苦手な野菜を工夫して取り入れ，栄養のバランスがとれるようにする）

8 事後指導・発展指導を重視する（実践の評価）
・努力したことによる成果（効力感）を味わわせる
・特別活動のほかの内容（児童会活動や学校行事）と関連させたり，その他の活動および各教科，総合的な学習の時間などの活動と関連させたりする
・家庭の協力を得る（保護者と一緒に活動することも考えられる）

実践の評価

・自分が考えた弁当に必要な食材を準備し実際に作って食する
・家庭科や総合的な学習の時間と関連させる

※①〜⑥（I〜V）は指導案作成のポイント，⑦〜⑧は意思決定と実践化のポイントを示したもの

■図II-17　学級活動の授業を成功させる8つのポイント

（杉田　洋：自分を鍛え，集団を創る！特別活動の教育技術，小学館，2013）

第　　学年　　組　学級活動学習指導案

家庭科など教科の場合は「家庭科学習指導案」と書く.
どの教科等で行うかは，指導目標によって異なる.

　　　　　　　　　　　　　　　　　　日時　　令和○年○月○日（△曜日）○校時
　　　　　　　　　　　　　　　　　　場所　　教室
　　　　　　　　　　　　　　　　　　指導者　Ｔ１　教諭　　　　○○　○○
　　　　　　　　　　　　　　　　　　　　　　Ｔ２　実習生　　　△△　△△

1　題　材　　　　　　　学習内容が児童生徒にわかる，またはイメージできる書き方で表現する.

2　題材の目標（ねらい）

　　目標は三つの柱「知識・技能」，「思考力・判断力・表現力等」，「学びに向かう力・人間性等」から設定する.

3　題材設定の理由

　（1）　題材観

　　　指導者の立場で，題材を設定した必要性や理由を書く.

　（2）　児童生徒観

　　　学級での児童生徒の生活や実態，これまでの取組で育ちつつある状況を記述する. 題材に関わる事前調査と考察などを入れる. 事前調査をする場合は，授業で何がしたいか，ねらいに関することを調査し授業に生かす.

　（3）　指導観

　　　本題材の指導にあたっては，・・・

　　　ねらいを達成するために具体的に何を用いてどう指導するか，どんな力をつけたいか（どのように意思決定させるか）を記述する. また，事前や事後の活動についても，本時学習を効果的に進める観点から具体的に示す.

4　本時の指導と評価計画

　・本　時　　　　┌─────────────────────────┐
　　　　　　　　　│　　児童生徒に示すテーマ　　　　　　　　│
　　　　　　　　　└─────────────────────────┘

　・事後指導　　　給食時間における指導 等　　　　実際には，学習指導要領の目標および内容をふまえて，各学
　・評　価　　　　【知識・技能】　　　　　　　　　校で定めた該当学年の評価を書く.

　　　　　　　　　【思考・判断・表現】

　　　　　　　　　【主体的に学習に取り組む態度】

　・食育の視点　　　六つの視点から書く.

5　準備物　　　　　授業で使う教材やワークシートなど
　　　　　　　　　（例）紙芝居　野菜実物　はてなボックス　○○のグラフ　ワークシートなど

■図Ⅱ-18　学級活動学習指導案様式

6　学習展開　　指導観で書いたことを具体的に表したもの

	学習活動	教師の支援（○）と評価（☆）	
		T1（学級担任）	T2（実習生）
導入（つかむ）	子どもの立場で何をするのかを簡潔に記述する．	指導者の立場で書く．児童生徒の活動にそって，指導・支援の意図，重点，工夫，手だてなどについて留意すべきことを具体的に記述する．担任が指導しているときに栄養教諭が何をしているかもわかるように記述する． 学習活動と教員の指導・支援との関わりを対応させて記述する． 評価と目標は一体であり，いつ・どこで・どのような観点の評価をどのような方法で行うかを記述する（☆）．	
		めあて	
展開（さぐる）（みつける）	具体的に書く． たとえば，問題を把握したり，原因を考えたりする活動，解決方法の工夫や個別の意思決定の場面など，導入・展開・終末の学習過程に位置付けて記述する． ※文末の表現例 　〜知る． 　〜ついて話し合う． 　〜調べる． 　〜まとめる． 　〜発表する． 　〜気付く．　　など	※文章表現の例 　「○○する児童に対しては□□を△△するなどで◇◇を促す」など具体的な指導・支援がわかるように書く． ※文末表現の例 　〜雰囲気をつくる． 　〜助言する． 　〜の場を設定する． 　〜を引き出す． 　〜意欲を高める． 　〜話し合わせる．　　など	
終末（決める）			

〈 板書計画 〉

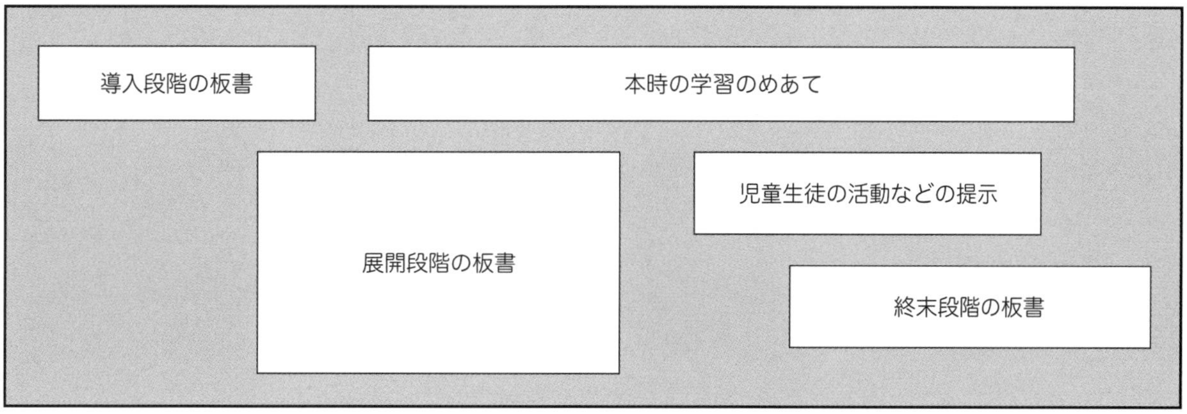

導入段階の板書　　　　本時の学習のめあて

展開段階の板書

児童生徒の活動などの提示

終末段階の板書

■図II-18　学級活動学習指導案様式（つづき）

第1学年1組　学級活動学習指導案

日時　令和○年○月○日（△曜日）○校時
場所　教室
指導者　T1　教諭　　　○○　○○
　　　　T2　実習生　　△△　△△

1　題　材　めざせ！しょくじマナー名人

2　題材の目標
　　○食事のマナーに関心をもち，基本的な食事のマナーを身に付けようとしている．
　　○基本的な食事のマナーやその大切さを知り，自分の食事の仕方を見直すことができる．

3　題材設定の理由
　(1)　題材にあたって
　　　食事の基本的なマナーを守ることは，みんなで楽しく食事をするために大切なことである．学校生活に慣れてきたこの時期に，みんなが気持ちよく食べるための約束として，食事のマナーを身に付けるとともに，相手を思いやる気持ちを育てたいと考え，この題材を設定した．

　(2)　児童の実態（男子10名　女子5名　計15名）
　　　4月から給食当番の仕事や給食のきまりなどもわかり，意欲的に準備や片付けを行っている．また，5月に学級活動で「箸の持ち方」についての学習を行い，家庭でも練習することで，箸の持ち方の上達がみられた．本題材の指導にあたり，児童の実態を把握するため，保護者にアンケートを実施した(アンケート結果省略)．その結果，「背筋を伸ばして食べる」，「交互に食べる」，「食べた食器を流し台に持っていく」児童が少ない傾向がみられたほか，食器の並べ方を気にしていない家庭もあることがわかった．

　(3)　指導の構想
　　　食育チャレンジ（教材）を活用し，なぜマナーを守ることが大切なのか，マナーの意義も学ばせたい．その後，望ましい姿勢や食器の並べ方などを実際に練習することで，正しい食べ方を身に付けるように支援する．その後，自分の食事のマナーについて振り返り，これからの食事の目標を決めることで，給食の時間にも食事のマナーを意識させるようにする．さらに，家庭でも実践させることで，学んだ内容の定着を図っていきたい．

4　本時の指導と評価計画
　・本　時　　　めざせ！しょくじマナー名人
　・事後指導　　がんばりチェックの実施（給食の時間3日，家庭2日），給食の時間における指導
　・評　価
　　○食事のマナーに関心をもち，基本的な食事のマナーを身に付けようとしている．【思考・判断・表現】
　　○基本的な食事のマナーやその大切さを知り，自分の食事の仕方を見直すことができている．【知識・技能】

　・食育の視点
　　○食事を大切にし，食物の生産などに関わる人々へ感謝する心をもつ．（感謝の心）
　　○食事のマナーや食事を通じた人間関係形成能力を身に付ける．（社会性）

5　準備物
　　　よくないマナーの絵（パワーポイント），よいマナーの絵，人のからだのなかの模型のエプロンシアター，給食の食器，ワークシート

■図Ⅱ-19　学級活動学習指導案例　1

6 本時の展開

学習活動	指導上の留意点および支援と工夫 指導上の留意点（○） 児童への手立て（＊）		評価方法 評価（☆）
	T1（学級担任）	T2（実習生）	
つかむ 1 箸の持ち方の学習を振り返る. 2 本時の学習内容を知る.	○正しく箸を使うとよい理由を振り返る. ・食器をきれいにできる. ・食べ物を落とさない. ・格好よく食べられる. など ○めあてを板書する.	○食事をするときの約束が食事のマナーであると説明する.	
	めざせ！ しょくじマナー（まなあ）名人		
考える 3 食事をしている絵を見て，気付いたことを発表し，基本的な食事マナーについて知る. ・背筋を伸ばして食べる. ・足はそろえて床につける. ・ひじをついて食べない. ・食器を持って食べる. ・食器を正しく並べる. ・口の中に食べ物があるときは，話をしない. ・きれいに食べて，正しく片付ける. ・大きな声で食事前後のあいさつをする.	○パワーポイントで，よくないマナーの絵を見せ，よくない点を発表させる. ○学習時の姿勢の合言葉例を確認する. 「足はぺったん，背中はぴん，おなかと背中にグーひとつ．正しく持って，さあ食べましょう」	＊意見が出にくい場合は，注目ポイントに丸をつけたり，ヒントを出したりする. ○よい姿勢は，人のからだのなかの模型のエプロンシアターを使い説明する. ○よいマナーの絵を見せ，確認する．茶碗の持ち方にもふれる. ○マナーを守るとよい理由を説明する. ・からだによい. ・みんなが気持ちよくすごすことができる.	
ふかめる 4 2〜3人一組になり，食器の並べ方やよい姿勢，食前食後のあいさつ，正しい箸や食器の持ち方の練習をする.	○2〜3人一組にして，練習させる．よい点や改善する点などを伝え合うことを確認する. ○後片付けの指示をする.	○箸の持ち方の確認をする. ＊机間指導をして，スムーズにできていないグループがあったら，支援する.	☆基本的な食事マナーに関心をもち，身に付けようとしている. （観察）
ふりかえる 5 ふだんの給食や食事を振り返り，これからとくにがんばりたい食事のマナーを決める.	○ワークシートを読み上げながら，一緒に進める. ○決めたことを発表させる. ○がんばりチェックの説明をする．全部できたら，名人の認定印を与えることを伝える.	＊机間指導をして，スムーズにできていない児童がいたら，支援する. ○改めて，食事のマナーの大切さを話し，これからマナーに気を付けて食事をしてほしいことを伝える.	☆基本的な食事のマナーやその大切さを知り，自分の食事の仕方を見直すことができている. （ワークシート・発言）

〈 板書計画 〉

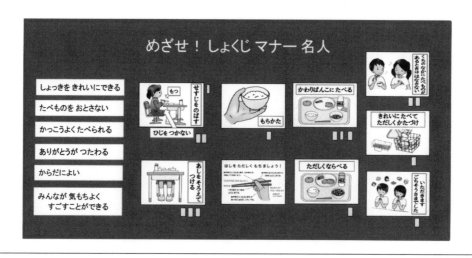

■図Ⅱ-19 学級活動学習指導案例 1（つづき）

第3学年1組　学級活動学習指導案

日時　　令和○年○月○日（△曜日）○校時
場所　　教室
指導者　T1　教諭　　　○○　○○
　　　　T2　実習生　　△△　△△

1　題　材　　　考えよう　おやつの食べ方

2　題材の目標
　　健康によいおやつの食べ方がわかり，自分で考えておやつを選ぶことができる．

3　題材設定の理由
　（1）題材にあたって
　　　おやつは，子どもたちの空腹を満たし，栄養素や水分を補うものであると同時に，生活のなかの楽しみでもある．しかし，おやつで簡単に空腹を満たしてしまい1日3回の食事をおろそかにすると，大切な栄養素が摂取できなかったり，生活リズムが乱れる原因となったりする．また，塩分，脂質，糖分のとりすぎは，肥満傾向を招くことや将来の生活習慣病につながるという危険性もある．健康によいおやつの食べ方について自分で考え，生活のなかで実践できる力を身に付けさせたい．

　（2）児童の実態（男子16名　女子13名　計29名）
　　　本時の学習にあたり，児童の実態調査のため「おやつアンケート」を実施した．以下は，その結果である（アンケート結果省略）．核家族で共働きの家庭が多い（65.5％）ということもあり，おやつを日常的に食べている様子がうかがえる．おやつの種類については，アイスクリームやスナック菓子が上位となっており，果物やおにぎりなどの健康に配慮したおやつを食べている児童は少ない．そこで，自分で健康によいおやつを選ぶことができる力を児童に身に付けさせたいと考えた．
　　　さらに，おやつの量については，児童が食べている量と望ましい量にずれがあると考えられるため，望ましい量を知らせ，今後の生活に生かせるようにしたい．

　（3）指導の構想
　　　本時では，児童が日常生活のなかで健康によいおやつの食べ方を実践できるように，自分で考えておやつを選ぶ活動を取り入れる．また，周りの友達の考えや目標を共有させることで，よりよい食習慣づくりへの意欲を高めさせたい．実践の場は家庭であることから，家庭への啓発も図っていきたい．

4　本時の指導と評価計画
　・本　時　　　考えよう　おやつの食べ方
　・評　価　　　○健康によいおやつの食べ方がわかる．【知識・技能】
　　　　　　　　○自分で考えて望ましいおやつを選ぶことができる．【思考・判断・表現】
　・食育の視点　○心身の成長や健康の保持増進によいおやつの食べ方がわかる．（心身の健康）
　　　　　　　　○自分で考えて望ましいおやつを選ぶことができるようになる．（食品を選択する能力）

5　準備物
　　おやつの袋，スティックシュガー，角砂糖，塩，油，プラスチックコップ（小），お盆，むし歯の写真，肥満や病気の絵，おすすめおやつカード，おやつチャレンジ用カード，ワークシート2枚

■図Ⅱ-20　学級活動学習指導案例　2

6　本時の展開

	学習活動	教師の支援（○）と評価（☆）ユニバーサルデザインの視点からの支援（◇）	
		T1（学級担任）	T2（実習生）
導入	1　学級の仲間がどのようなおやつを食べているのか知る． 2　おやつを食べすぎるとどうなるか考える． 　・むし歯になる　・病気になる 　・太る　・ごはんが食べられない 3　本時の学習課題を知る．	○アンケート結果を発表し，関心をもたせる． ○おやつと健康の関係から，おやつの食べ方について考える必要性に気付かせる．	◇おやつの袋などを示す．
	なってみよう　おやつの食べ方名人		
展開	4　ポテトチップスに含まれる塩，油の量や，アイスクリームに含まれる砂糖の量を知る． 5　炭酸飲料に含まれる砂糖の量を知る． 6　塩，油，砂糖が少ないおやつを見つける． 7　3日分のおやつを選んで発表する．	◇スティックシュガー1本を示し，アイスクリームに含まれる砂糖の量を予想させる（1本分との比較をさせる）． ◇砂糖の量を，500mLの空のペットボトルに入れて示す． ○塩，油，砂糖のとりすぎは健康に悪影響があることから考えさせる． ◇選んだおやつの内容と理由をペアで話し合わせ，自分の意見を友達に伝えさせる． ○数名指名し，意見を発表させる．	◇実際に含まれる塩，油，砂糖の量を提示する． ◇塩，油，砂糖のとりすぎは，肥満，病気，むし歯につながることを絵や写真で示し，より身近なこととしてとらえられるようにする． ○おすすめおやつについて伝える（果物，牛乳・乳製品，おにぎり，小魚など）． ○よい選び方を取り上げて，ポイントを伝える．
	☆健康によいおやつの食べ方を理解している． （ワークシート・発言）		
終末	8　自分のおやつの食べ方を振り返り，おやつチャレンジ目標を立てて発表する．	◇振り返りをふまえ，意思決定をしやすいように話型を示す．「これからは○○します．」	○おやつを食べる時間や量について確認する．
	☆健康によいおやつの食べ方を，意欲的に生活のなかで実践しようとしている．（ワークシート・発言）		

〈 板書計画 〉

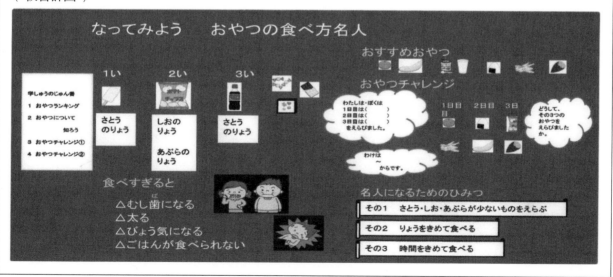

■図Ⅱ-20　学級活動学習指導案例　2（つづき）

第6学年1組　学級活動学習指導案

日時　　令和○年○月○日（△曜日）○校時
場所　　教室
指導者　T1　教諭　　　　○○　○○
　　　　T2　実習生　　　△△　△△

1　題　材　　じょうぶな骨づくりは　カルシウムから

2　題材の目標

　　カルシウムの多い食品について知り，丈夫な骨をつくるために進んで食べることができる．

3　題材設定の理由

（1）指導にあたって

　　近年，児童生徒の骨折が増えていることや，若年においても骨粗しょう症などのように骨がもろくなるという問題が指摘されている．生涯を健康に過ごすための基礎となる丈夫な骨をつくるには，食事などの生活の仕方が大切なことに気付かせ，成長期に必要な量を摂取するために，カルシウムを多く含む食品を進んで食べるようにしたい．

（2）児童の実態

　　給食の残食はほとんどないが，朝食や休日の食事の様子からは，牛乳や乳製品，小魚や海藻，緑黄色野菜などの食品の摂取率が低いと予想される．

（3）指導の構想

○骨のつくりや働きなどに興味をもたせ，成長期の骨づくりが大切なことを理解させたい．
○カルシウムの多い食品を予想することで，牛乳・乳製品以外にもカルシウムが多く含まれる食品を知らせたい．
○そのために，給食の献立や市販の食品に含まれるカルシウムの量を参考に，1回の食事で摂取できるカルシウム量を提示し，進んで食べようとする意欲をもたせたい．

4　本時の指導と評価計画

・本　時　　| じょうぶな骨づくりは　カルシウムから |

・事後指導　食育だよりでカルシウムが多くとれる給食献立を紹介する．

・評　価
　○食について興味をもって話を聞いたり発表したりし，自分の食生活について進んで考えようとしている．【主体的に学習に取り組む態度】
　○カルシウムの大切さを知り，自分の食生活に取り入れることができる．【思考・判断・表現】

・食育の視点
　○丈夫な骨をつくるためにカルシウムが大切なことがわかる．（心身の健康）
　○カルシウムの多い食品がわかり，進んで食べることができる．（食品を選択する能力）

5　準備物

　　骨の断面写真，骨模型図，食品カード（牛乳，いわし，卵など），給食献立写真，
　　食品（わかめ，ひじき，野菜など），1日に必要な年代別のカルシウム量の表，ワークシート

■図Ⅱ-21　学級活動学習指導案例　3

6　本時の展開

	学習活動	教師の支援（○）と評価（☆） T 1（学級担任）	教師の支援（○）と評価（☆） T 2（実習生）	準備物
導入	1　健康な骨とスカスカの骨の断面の写真を見て，今日の学習課題を知る．	○健康な骨と骨粗しょう症の骨の写真を示し，今日の学習課題を知らせる．		骨の断面写真
導入	じょうぶな骨をつくろう			
展開	2　骨の役割を考える． ・からだを支え保護する． ・血液をつくる． ・カルシウムをためる．	○成長期には丈夫な骨づくりが大切なことをおさえる． ○骨の発育を説明する． 　・骨の数や硬さは変化する． 　・骨はつくりかえられている． 　・カルシウムが足りないと弱い骨になる．	○骨模型図を使い，興味をもたせるようにする．	骨模型図
展開	3　カルシウムの多い食品を知る． ・カルシウムの多い食品9品を考えて書き，カルシウムビンゴをする．	○カルシウムの多い食品を選んでビンゴをすることを知らせる． 1位　牛乳（200mL）　227mg 2位　ししゃも（2匹40g）　130mg 3位　ヨーグルト（1個70g）　68mg 4位　納豆（1パック50g）　45mg 5位　小松菜（25g）　43mg 6位　ひじき（3g）　42mg 7位　切干大根（7g）　40mg 8位　いわし（1匹）　35mg 9位　乾燥わかめ 10位　さつまいも（60g1/2本）24mg 11位　はくさい（50g1枚）22mg 12位　みかん（中1個）10mg 13位　トマト（50g）　4mg 14位　ぶた肉（1切れ）　3mg 15位　じゃがいも（1/2個）2mg ○骨を丈夫にするためにはカルシウムをとるだけでよいか考えさせる．	○カルシウムの多い食品を考えさせる． ○食品カードや食品を提示して1回の食事での摂取量を知らせる． ○1〜9位の食品とカルシウム量を発表する． ○カルシウムを，いろいろな食品からとるとよいことに気付かせる． ・牛乳・乳製品，小魚，海藻，色の濃い野菜，大豆製品など ○給食では360mg摂取するためにいろいろな工夫をしていることを献立で知らせる． ・「歯ッピー献立」の日を例に説明する． ○摂取したカルシウムが丈夫な骨になるために，生活で大切なことを付け加える．	ワークシート 食品カード 食品
展開	4　自分たちに必要なカルシウム量とカルシウムの多い給食献立を知る． 10〜11歳男子700mg/日 10〜11歳女子750mg/日 （給食で360mg） 5　骨を丈夫にするために生活のなかで気を付けるとよいことを考える． ・適度な運動 ・外遊び（日光） ・睡眠 ・好き嫌いをしないなど			給食献立写真 1日に必要な年代別カルシウム量の表
まとめ	6　丈夫な骨をつくるために気付いたことや取り組むことをワークシートにまとめ，発表する．	○給食の様子などを振り返らせ，毎日の食事でしっかり食べることをおさえる．		
まとめ	☆カルシウムの多い食品がわかり，毎日の食事に取り入れようとする意欲がみられたか．			

〈 板書計画 〉

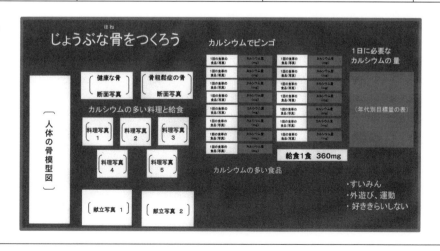

■図Ⅱ-21　学級活動学習指導案例　3（つづき）

第2学年1組　技術・家庭科学習指導案

日時　　令和○年○月○日（△曜日）○校時
場所　　教室
指導者　T1　教諭　　　　○○　○○
　　　　T2　実習生　　　△△　△△

1　題　材　　　　弁当づくりにチャレンジ

2　題材の目標

(1) 中学生の食生活と栄養について関心をもって学習活動に取り組み，食生活をよりよくしようとする．

【主体的に学習に取り組む態度】

(2) 私たちの食生活と栄養について課題を見つけ，その解決をめざして工夫することができる．

【思考・判断・表現】

(3) 課題をもって，日常食の調理について工夫し，計画を立てて実践することができる．【知識・技能】

(4) 中学生の食生活と栄養について理解し，基礎的・基本的な知識を身に付けることができる．【知識・技能】

3　指導について

(1)　題材観

　　健康な日常生活を営むためには，栄養・運動・休養のバランスのとれた生活をすることが大切である．とくに中学生の活動は活発で，成長も著しい．この時期の食生活は生涯の健康を支える身体をつくるためにも，きわめて重要である．

　　生徒たちを取り巻く食環境は，非常に多様化してきており，食に関する情報もあふれている．食べることや自分の体型や成長などには強い関心を示しながらも，店に並ぶ総菜がどのようにつくられているか知らなかったり，安易に健康補助食品に頼ったり，食物の栄養に関する学習への興味は低く，学ぶことと実践することが結びつきにくい実態がある．

　　1年生では，「健康と食生活」の題材のなかで，「五大栄養素」と栄養素ごとに食品を分類した「六つの基礎食品群」について学習している．2年生では，「食品の種類と保存」，「調理をしよう」の学習をしており，いろいろな食品についての知識を身に付け，調理実習の実践を行っている．また，食事をともにすることにより，人間関係を深めたり文化を伝えたりする役割もあることをおさえたい．さらに，中学生では部活動などで弁当を食べることがあるので，弁当づくりの学習をすることにより，自分で考え主体的に食生活を営むことができる生徒をめざし，将来につながる学習活動を工夫していきたい．

(2)　生徒観　　（男子17名　女子14名　計31名）

　　今回の学習にあたり，弁当について行った事前調査の結果は次ページのとおりである（回答者28名，未回答者3名）．

　　アンケートの結果から，自分一人で弁当をつくったことがある生徒は全体の4分の1である．しかし，6割以上の生徒は1品以上つくったことがあるなど，弁当づくりに何らかの形で携わっている．

　　コンビニエンスストア（コンビニ）を，週に1回以上利用する生徒は半数近くおり，また，食事を買うことがある生徒は7割以上と，コンビニは生徒たちにとって身近な存在であることがわかる．

(3)　指導観

　　指導にあたっては，グループ活動を取り入れ，生徒が自分の考えを伝え，他の生徒の意見を素直に聞くことができるように工夫したい．また，今回はグループで，誰かのためにバランスのとれた弁当を考え，夏休みの家庭での実践につなげたい．

■図Ⅱ-22　技術・家庭科学習指導案例

① お弁当について
　・お弁当を一人でつくったことがある　　　　　　　はい　　7名　　　　いいえ　21名
　・お弁当に料理を詰めたことがある　　　　　　　　はい　15名　　　　いいえ　13名
　・おにぎりをつくったことがある　　　　　　　　　はい　23名　　　　いいえ　　5名
　・お弁当のなかの1品以上つくったことがある　　　はい　18名　　　　いいえ　10名
　・つくったことがあるお弁当の料理は
　　　　　卵焼き／ゆで卵／おひたし／ごまあえ／ブロッコリー／チャーハンなど
② 調理について聞きます
　・ごはんを炊くことができますか　　　　　　　　　はい　15名　　　　いいえ　13名
　・簡単なサラダをつくることができますか　　　　　はい　22名　　　　いいえ　　6名
　・簡単な炒め物をつくることができますか　　　　　はい　18名　　　　いいえ　10名
　・煮物（肉じゃがのようなもの）がつくれますか　　はい　　7名　　　　いいえ　21名
③ コンビニの利用について
　・コンビニはよく利用しますか　　　　　　　　利用しない　2名　　　　1か月に1回　13名
　　　　　　　　　　　　　　　　　　　　　　　週に1回　6名　　　　　週に2から3回　7名
　・コンビニで，お弁当やおにぎりなどの食事を買いますか
　　　　　　　　　　　　　　　　　　　　　　　はい　21名　　　　いいえ　　7名

4　学習指導と評価計画　　　（全5時間　本時1／5）

	目標・ねらい	学習活動	評価規準
第1次 （1時間） 本時	・市販の弁当の特徴をつかむことができる． ・弁当をつくるためのポイントを考えることができる． ・主食，主菜，副菜の組み合わせがわかる．	・市販の弁当を六つの基礎食品群に分類する． ・市販の弁当の特徴を見つける． ・弁当づくりのポイントを見つける．	・中学生に必要な栄養素の特徴について関心をもち，自分の食事と関係付けて考えようとしている．【思考・判断・表現】（ワークシート・発表） ・食品を食品群に分類し，食品の栄養的特徴について理解している．【知識・技能】（ワークシート・観察） ・食品の選び方について課題を見つけ，その解決をめざして工夫している．【主体的に学習に取り組む態度】（ワークシート）
第2次 （1時間）	・誰かのためにバランスのとれた弁当を考えることができる．	・家庭で実践するための調理実習計画を立てる．	・中学生や家族に必要な栄養素を満たす弁当の献立を考えようとしている．【思考・判断・表現】（ワークシート） ・食品の選び方や組み合わせ方に関する基礎的・基本的な技術を身に付けている．【知識・技能】（ワークシート）
第3次 （2時間）	・実践した内容をレポートにまとめることができる．	・家庭で実践したことをレポートにまとめる．	・レポートを工夫して作成している．【主体的に学習に取り組む態度】（レポート・観察）
第4次 （1時間）	・実践した内容をわかりやすく発表することができる．	・家庭で実践したことを発表する．	・実践した内容をわかりやすく，発信しようとしている．【思考・判断・表現】

■図II-22　技術・家庭科学習指導案例（つづき）

5　本時の目標
　　○市販の弁当について，よい点，問題点を見つけることができる．
　　○誰かのために弁当をつくるためのポイントを考えることができる．

6　食育の視点
　　○中学生に必要な栄養素の特徴について関心をもつことができる．（心身の健康）
　　○弁当をつくるためのポイントを考えることができる．（食品を選択する能力）

7　準備物
　　市販の弁当の写真，給食の写真，弁当のおかずの写真，おかずの写真，ホワイトボード，ワークシート

8　本時の展開

| | 学 習 活 動 | 教師の支援（○）と評価（☆） | |
		T1（教科担任）	T2（実習生）
導入	1　市販の弁当の写真を見て，思ったことを発表する．	○6種類の弁当の写真を見せ，何人かに自由に発表させる．	○次の活動のために，各班に担当する弁当を割り当てる．
展開	2　各自自分の班の弁当のいいところ，困るところなどを考えた後，班に分かれ，考えた内容を話し合う．また，班で主食，主菜，副菜にわけて偏りがないか確認し発表する． ・主食，主菜，副菜がそろっている ・副菜がない弁当がある	☆自分の食生活を思い出しながら，栄養素の特徴に気付いているか．（ワークシート） ☆食品を主食，主菜，副菜に分類できているか．（観察） ☆中学生に必要な栄養素の特徴について関心をもち，自分の食生活と関わらせて考えようとしているか．（発表）	○ワークシートを配布する． ○主食，主菜，副菜の分け方について，給食を使ってやってみせる． ○弁当の種類 同じくらいの値段のものを準備する． 1班：のり弁当 2班：かつ丼 3班：うどん弁当 4班：スパゲッティ（カルボナーラ） 5班：ロコモコ丼 6班：給食

	1班 のり弁当	2班 かつ丼
主 食	ごはん	ごはん
主 菜	焼き鮭 磯辺揚げ 厚焼き卵	ソースかつ
副 菜	きんぴら つけもの	つけもの
その他		

	3班 うどん弁当	4班 カルボナーラ
主 食	うどん 太巻き いなり寿司	パスタ
主 菜		ゆで卵
副 菜	つけもの	
その他		

	5班 ロコモコ丼	6班 給食
主 食	ごはん	ごはん
主 菜	ハンバーグ 目玉焼き	揚げ鶏肉の梅酢あん
副 菜	野菜	じゃがいもと切り干し大根の煮物 きゅうり漬け
その他		牛乳

■図Ⅱ-22　技術・家庭科学習指導案例（つづき）

	弁当づくりにチャレンジ		
	3　弁当のつくり方のポイントについて整理する. ・主食を一番多く食べるとよい. ・誰のためにつくるか考えるとよい. ・いろどりや，季節感があるとよい.		○弁当づくりのポイントについてまとめる.
	4　各班で割り当てられた人への弁当を考える. ・成長期の自分には，カルシウムの多い食品を使いたいな. ・お母さんには野菜を多めにしよう. ・運動部の友達には，食べやすいおにぎりにしよう.		○誰のための弁当にするか各班に割り当てる.（考えさせるのは，運動部の友達へ，両親へ，祖父母へ，成長期の自分へ，担任の先生へ，兄弟へとする.）
	5　どんな弁当を考えたか発表する.	☆食品や料理の選び方について，具体的な課題を考え，その解決をめざして工夫しているか.（発表）	
ま と め	6　次時の学習について見通しをもつ.	○弁当づくりは夏休みに家庭で実践することを伝える. ○詳しい献立や実践するための調理実習計画を立てることを伝える.	○弁当の中身を考えやすいように料理の写真を用意する．ホワイトボードに貼った弁当箱に料理を詰めるように，写真を貼って考えさせる.

〈 板書計画 〉

■図Ⅱ-22　技術・家庭科学習指導案例（つづき）

9 栄養教育実習計画例

●栄養教育実習は，大学等で学んだ理論を実践的な検証を通して，栄養教諭の職務を学ぶとともに，教員としての適性を判断する機会とする．

実習計画の内容は，講話や観察・参加，実習等である．

講話には，校長，副校長，教頭や栄養教諭，養護教諭等による学校の概要や教育課程，児童生徒理解，食に関する指導等がある．

観察・参加は，授業や朝の会，帰りの会，委員会活動，給食の時間等に行う．

実習は，指導案・教材の作成や研究授業（査定授業）等である．参考として「栄養教育実習計画例」（表Ⅱ-16）を示すが，実習校の実情に応じて作成することが望ましい．ここでは食に関する指導を中心とした実習計画例を示した．

10 実習課題の準備

●栄養教育実習事前打合せで提示された課題について，実習開始までに準備を終わらせ，日々の実習に反映させる．

〔栄養教育実習生への事前課題例〕

❶ 学習指導案の作成

研究授業を行うために必要な課題である．事前打合せで提示された担当学年や実習校のカリキュラムに基づき，大学等の担当教員から指導を受けて作成する．

❷ 事前アンケートの作成

学級の実態把握のために事前アンケートを作成する場合がある．指導案作成時に必要なので，事前に指導教員にアンケートの実施を依頼しておく．アンケートは，授業のねらいを達成するために，必要な情報が得られる内容で作成する．

❸ 教材・教具の作成

教材・教具を作成する際には，指導を行う学年の

■表Ⅱ-16　栄養教育実習計画例

	月	火	水	木	金
朝の会	職員室，学級等での挨拶	打合せ 朝の会	打合せ 朝の会	打合せ 朝の会	打合せ 朝の会
1	実習内容の確認 校舎の見学	【観察】 授業	【観察】 食に関する授業	【観察】 授業	研究授業の準備
2	【講話】 学校の概要 （学校の教育目標等）	【講話】 学習指導案の作成方法等	【講話】 養護教諭との連携 個別的な相談指導	研究授業の準備 （指導案作成等）	研究授業の準備
3	【講話】 教育課程，服務等	【観察】 授業	給食の時間における食に関する指導の準備 （指導案作成）	研究授業の準備 （教材研究等）	【実習】 研究授業
4	【観察】 授業	給食の時間における放送指導の準備 （資料作成）	給食の時間における食に関する指導の準備 （教材作成）	【実習】 研究授業について 他学級で授業	研究授業のまとめ
給食	【観察・参加】 給食指導 （準備～後片付け）	【実習】 給食の時間における放送指導	【実習】 給食の時間における食に関する指導	【実習】 給食の時間における食に関する指導	【参加】 給食指導 （準備～後片付け）
5	【講話】 食に関する指導 　教科，特別活動等 家庭・地域との連携	【講話】 児童生徒理解	【観察】 授業	研究授業の準備 （指導教材の作成）	実習のまとめ
6	研究授業の打合せ	【観察・参加】 委員会・クラブ活動	研究授業の準備 （指導案等の作成）	研究授業の準備 （指導教材の作成）	事後研究会
帰りの会	帰りの会	帰りの会	帰りの会	帰りの会	帰りの会 挨拶
放課後	指導案の作成 教材研究 実習録の整理	指導案の作成 教材研究 実習録の整理	指導案の作成 教材研究 実習録の整理	指導案の作成 教材研究 実習録の整理	実習のまとめ 実習録の整理

発達段階を考慮し，児童生徒の興味・関心を引く，視覚的な教材・教具となるよう工夫する．また，教室の後方の席からも見える大きさの教材・教具を作成する．

❹　学校給食一食分の献立作成

　学校給食の献立作成を行う際には，「学校給食実施基準（学校給食摂取基準）」をふまえ，実習校の給食の概要（実習月の給食目標，給食数，献立内容や特徴，食器の種類等）を事前に栄養教諭に確認しておくとよい．

❺　食育だより，給食の時間の放送原稿，給食の時間における食に関する指導の指導案の作成

　実習期間中の月目標や指導日の献立内容，使用されている食材等を活用し，食育の六つの視点をふまえながら資料作成を行う．

　小学校で栄養教育実習を行うときは，事前アンケート結果の提示や資料作成，研究授業での板書等，担当する学年の既習漢字や既習学習（算数のパーセント，グラフの種類等）について学習指導要領で確認をしておく必要がある．

● C 栄養教育実習開始の留意事項●

1 実習開始にあたっての心得

（1）立場（児童生徒との関わり方と心得）

●栄養教育実習は，児童生徒に直接ふれあいながら実践的な指導力を修得する機会である．つねに教員として児童生徒への適切な関わり方を意識した行動をとることが大切である．

① 児童生徒にとって学校生活は，人間形成のかけがえのない時間である．そのため，実習生であっても教職員と同様，責任があることを十分意識して児童生徒の前に立ち，しっかりした態度で接すること．

② 児童生徒からの個人的な相談は，必ず指導教員等に連絡をとり，その指示に従うこと．

③ 児童生徒の安全・健康へのきめ細かい配慮をすること．

④ 児童生徒の家庭を訪問したり，自分の住居に呼び寄せたりしないこと．また，個人的な連絡先の交換等もしないこと．

⑤ 児童生徒の表情や反応をよく見て指導し，特定の児童生徒に偏って関わることのないよう公平な態度で接すること．

（2）健康管理・感染症予防について

●栄養教育実習前から実習中にかけての健康管理は，実習を充実させるとともに児童生徒の健康を守ることにつながる．

① 日常の体調管理は，休養および睡眠時間を十分とり，朝食の摂取やバランスのとれた食事をとるなど規則正しい生活に努め，日ごろから体調を整えておくこと．

② 栄養教育実習中は，不慣れな環境のため緊張する場面が多いので，自分の体力を考え，健康維持できるよう心がけること．

③ 治療中の疾患等があれば，できるだけ実習前までに完治させておくこと．

④ 食物アレルギー等がある場合には，実習校に届け出をしておくこと．

●栄養教育実習は，抵抗力の弱い児童生徒を対象とするため，感染症予防には，とくに注意が必要である．そのため実習期間中はもちろんのこと，実習2週間前から健康チェック表をもとに，日々の体調管理に努める（表Ⅱ-17）．

① 実習校への登校前に健康チェックで異常があった場合（発熱，下痢，嘔吐等の感染症が疑われる

■表Ⅱ-17 健康チェック表例

健康チェック表（栄養教育実習前・実習中）

栄養教育実習の2週間前から健康チェックを！

○健康チェック表の項目に沿って，症状の有無を○×で記入すること．
○健康に異常があれば医療機関を受診すること．また，受診した際には，その他の欄に記入すること．
○家族の健康状態に問題等がある場合は，その他の欄に記入すること．

月	日	曜	朝・夕の体温 平熱 ℃	発熱がない	息苦しさや体の痛みがない	のどの痛みがない	咳が出ない	鼻水が出たり，鼻づまりがない	嗅覚・味覚の異常がない	嘔吐していない	下痢をしていない	その他
6	1	月	朝 38.5℃ 夕 ℃	×	○	×	○	×	○	○	○	病院に受診した
			朝 ℃ 夕 ℃									
			朝 ℃ 夕 ℃									
			朝 ℃ 夕 ℃									
			朝 ℃ 夕 ℃									

症状の場合）は，実習校の管理職，指導教員等および大学等の担当教員に電話やメールで連絡するとともに，医療機関で感染性の病気の有無を確認のうえ，その結果を報告し，指示を仰ぐこと．

② 実習中，突発的に体調に異変を生じた場合は，早めに実習校の指導教員等に申し出て，指示を仰ぐとともに，大学等の担当教員に報告すること．

③ 実習校の指示に従って腸内細菌等の検査を行い，提出すること．

（3）服装と身だしなみ
●実習生にふさわしい服装・身だしなみ，品位のある態度で実習校の教職員や児童生徒に接する．また，場に応じた服装とする．

① 清楚なスーツ等を着用するとともに，実習中のさまざまな活動に対応できる服装を用意しておくこと．たとえば，休み時間等に児童生徒とスポーツや遊び等で交流を図る場合には，ジャージや運動靴等の活動しやすい服装が必要である．

② アクセサリー（指輪・イヤリング等）や香水をつけたり，髪を染めたりしないこと．また，髪が長い場合は，きちんと束ねること．

（4）守秘義務・情報管理
●守秘義務を遵守し，実習中に知り得た個人情報，学校運営に関する情報などは，実習中はもちろん，実習終了後もいっさい外部に漏らしてはならない（p.72）．

① 実習中に，写真や動画の撮影が必要な場合には，必ず許可を得ること．

② 実習中に知り得た情報は，写真や動画を含めてSNS等に投稿しないこと．

③ パソコン上やメモ，ノートなどに書き残した情報の取り扱いに注意すること．

④ 実習記録の紛失等は，個人情報の漏えいにつながるため，防止策を徹底すること．

（5）積極性と謙虚な態度
●栄養教育実習中は，実習校の規則や慣例に従い，計画的，積極的に実習に取り組む．つねに謙虚な態度で，わからないことは，進んで指導を受け，素直でねばり強い姿勢で臨む．

① 笑顔で進んで挨拶をすること．

② 担当学級の児童生徒のなかに積極的に入り，一人一人の理解に努めること．

③ 教職員の指導・助言を素直に受け入れ，謙虚な態度で臨むこと．

（6）整理・整頓
●栄養教育実習中は，つねに身の回りの整理・整頓に心がける．

① 実習校から配付された資料や作成した資料等は，その都度ファイリングして整理すること．

② 控室や担当学級等の整理・整頓を心がけ，机やいすを移動した場合は，元の状態に戻すこと．

（7）その他の注意
① 実習校の電話，ファクス，コピー等を私用で使わないこと．

② 携帯電話は，電源を切っておくこと．緊急に電話をする必要がある場合には，指導教員等の許可を得ること．

③ 実習校の教材・教具，備品を借りる場合には，指導教員等の許可を得ること．借りたものは必ず返却し御礼を言うこと．

（8）時間・期限の厳守
① 始業・終業時刻は，実習校の指示に従い，遅刻しないよう時間を厳守すること．通勤にあたっては，交通渋滞等を事前に把握し，始業時刻の30分前までには到着するように努めること．

② 課題やレポート等，提出物の期限を守ること．

③ 授業や打合せ等の開始時刻についても厳守すること．

（9）欠席・遅刻等トラブル時の対応
① 欠席・遅刻・早退については，公共交通機関のトラブルや病気以外は認められない．やむを得ない事情により欠席（忌引きを含む），遅刻，早退をする場合は，実習校の指導教員等にすみやかに連絡し，指示を仰ぐとともに，大学等の担当教員に連絡すること．

② 通勤中，事故等に遭遇した場合は，安全確保のうえ，すみやかに実習校の指導教員等および大学等の担当教員に連絡し，指示を仰ぐこと．

1　個人情報等の持出しについて
　（1）学校から個人情報等を持ち出す場合には，情報管理者の許可を得るなどのルールを明確化し，漏えい等（デー
　　タの滅失，き損など）への防止対策を徹底する．
　（2）電子メールにより非公表の情報を学校外へ送信する場合も，当該情報にパスワードを設定した上で送信するな
　　ど，必要に応じて保護対策を行う．
　（3）個人情報の持出しによる漏えい事案では，教職員の認識不足によって発生する例が多いことから，漏えいの危
　　険性について，教職員一人ひとりへ的確に周知を図るとともに，必要に応じて教育研修を実施する．
　（4）大学等の教育研究活動において，学生等が個人情報を取り扱う場合においても，教職員と同様に安全管措置等
　　について周知し，適正な取扱いが確保されるよう必要な措置を講ずる．

2　学校外で利用するパソコンのセキュリティ対策について
　（1）学校内で利用するパソコンのセキュリティ対策はもちろんのこと，学校外で業務に利用するパソコンについて
　　も，ウイルス対策ソフトがインストールされていることを確認するとともに，パターンファイルが最新の情報に
　　更新されていることを確認する．
　（2）OS等の脆弱性が改善されるよう，最新の修正プログラムを適用する．
　（3）秘密情報，個人情報等の関係者のみが閲覧すべき情報については，パスワードで保護するなど，アクセス制限
　　の措置を行う．

3　ファイル交換ソフト（Winny等）について
　　最近発生している情報漏えい事案では，学校外で利用したパソコンにファイル交換ソフト（Winny等）がインストー
　ルされており，コンピューターウィルスに感染したことによりパソコンに保存されていたファイルが漏えいする例が
　多数発生している．このため，学校外で利用されるパソコンにファイル交換ソフト（Winny等）がインストールされ
　ていないことの確認を徹底する．特に，自宅で利用する個人用のパソコンについては，以下の点に留意する．
　①ファイル交換ソフトは，安易にインストールしないこと．
　②ファイル交換ソフトの有無を点検し，これがインストールされたパソコンでは，児童生徒等の個人情報を扱わな
　　いこと．
　③当該パソコンに，児童生徒等の個人情報等が保存されているか否かを点検し，保存されている場合は，適切に削
　　除する等の措置をとること．
　④ウィルスに感染した場合には，直ちに情報流出を遮断する措置を講ずること．

　　　　　　　（文部科学省：学校における個人情報の持出し等による漏えい等の防止について（通知），18文科総第9号）

■　2　電話のかけ方

（1）電話をかける準備

① 電話をかける場合には，筆記用具を用意して静かで落ち着いて話ができる場所を選ぶ．

② 実習校の電話番号，校長または副校長・教頭（以下「管理職」という．），指導教員の氏名等を記入したメモを手元に用意する．

③ 実習校との日程の調整が必要となる場合には，自分の授業に支障のない日時の候補を3件ほど決めて書き留めておく．

④ 話が長くならないよう，事前に話す内容を箇条書きにまとめておく．

（2）電話をかけるとき

　相手に失礼のないように，丁寧にハキハキとゆっくり話す．携帯電話の場合は，充電状態を確認しておく．

① いつ

　実習校の比較的忙しくない時間帯に電話をする．午前8時から9時は，児童生徒の欠席連絡や職員会議等があるため避ける．栄養教諭であれば，14時以降が望ましい．

② どこから

　携帯電話の場合は，先方の声がよく聞き取れるよう，電波条件のよい静かな場所からかける．

③ 誰に

　事前打合せの場合には，副校長または教頭，指導

教員に電話をする.

④ どのように

自分の立場：大学等名および学科名, 栄養教育実習生であることと名前を名乗る（明るく, 元気に爽やかに）.

用件を伝える：正確かつ簡潔に伝える.

伝言をお願いする：伝言を依頼する場合は, 依頼した人の名前を聞き, メモに書き留めておく. しかし, できるだけ伝言ではなく, 電話をかけ直してもよい日時を尋ねる.

最後に丁寧に挨拶をする：電話を切るときは, 先方が切って2〜3秒後に切る.

（3）電話のかけ方例

① 実習校に電話が通じたら

学生「もしもし○○学校でしょうか？私は, 今度栄養教育実習でお世話になります○○大学△△学科の（自分の名前）と申します. 栄養教育実習担当の○○先生をお願いいたします.」

自分の学校・名前を名乗り, 話したい相手を電話口にお願いする. もし, 不在や授業中であれば, いつごろ電話をすればよいかを尋ねておく.

② 副校長または教頭, あるいは指導教員が電話に出たら

学生「こんにちは. 私は, 今度（または○月○日から）栄養教育実習でお世話になります○○大学△△学科の（自分の名前）と申します. 栄養教育実習の事前打合せの件でお電話をさせていただきました. ただいま, お時間は大丈夫でしょうか.」

再度自分の学校・名前を名乗り, 今電話をできる時間であるか尋ねてから話をはじめる. 忙しい時間帯であれば, かけ直す.

③ 相手から都合を聞かれた場合には

学生「ありがとうございます. 授業の関係で, できれば○月○日○曜日の○時ごろにお願いしたいのですが, 学校のご都合はいかがでしょうか.」

学校の都合を聞き, 都合がよければ希望の日時で決定となる. 日時を正確にメモに書き留める.

④ 日程が決まったら

学生「ありがとうございます. それでは, ○月○日○時に伺います. 打合せの際には, どちらへ伺えばよろしいでしょうか. また, どなたをお訪ねしたらよろしいでしょうか.」

決まった日時を復唱し, 確認する. 訪問先が学校なのか, 共同調理場なのか確認し, 指導教員の氏名を聞いてメモに書き留めておく.

学生「打合せの際に, 持参するものなどがありましたらご指導お願いいたします.」

指定の必要書類がある自治体や学校もあるので, 確認する. そのほか, 栄養教育実習は1〜2週間と短いため, 事前課題が出されたり, 大学等でつくった指導案等の持参を求められたりすることがある.

公共交通機関での訪問が困難と思われる場合には, 自家用車や自転車で事前打合せに行ってもよいか確認する.

⑤ 電話を切るときは

学生「本日は, お忙しいところありがとうございました. ○月○日○曜日○時に, ○○にお伺いしますのでよろしくお願いいたします. 失礼いたします.」

学校の電話が切れたことを確認して通話を切る.

（4）電話をかけ終わったら

書き留めたメモをもとに, 次回の打合せ日程や指導教員等の氏名, 学校から要望されたことなど, 内容を整理して, 忘れないうちに栄養教育実習録に記入しておく.

3　実習事前訪問時の注意事項

実習校によって栄養教育実習受け入れの仕組みが違うので, 大学等の担当教員に相談し, 実習校の確認や訪問等を行う.

実習前には, 実習校の管理職および指導教員のところへ事前訪問を行い, 課題等の指示を受ける. 挨拶の際には, 次のことに注意する.

① 実習校への事前連絡

事前打合せ日の2〜3日前に, 実習校へ電話をして, 打合せの再確認をする. 実習校の都合が悪くなった場合には, その指示に従う. 電話は, 実習校の勤務時間内で比較的忙しくない時間帯にかける.

② 大学等の担当教員への連絡

実習校との訪問日時の確認がとれたら, 大学等の担当教員に日時を伝える. 大学等の担当教員が打合せの日程調整を行う場合もある.

また, 打合せが終わった後は, 大学等の担当教員

に内容を報告する.

③ 公欠届（授業欠席届）

打合せのために授業を欠席する場合には，1週間前までに公欠届（授業欠席届）を欠席する授業担当教員すべてに提出する．大学等によっては事前打合せは公欠にならないこともあるが，欠席理由は必ず連絡する．なるべく欠席しないように，訪問予定を組むことが大切である．

④ 時間厳守

実習校へは，打合せの約束時間の10分前までには到着できるように余裕をもって行く．早めに行動するように心がけることが大切である．非常事態で遅れる場合には，必ず実習校の管理職，指導教員等および大学等の担当教員に連絡をする．

⑤ 通学路では

実習校への通学路を歩く際に，スマートフォンを操作したり，イヤホンで音楽を聴いたりしながら学校へ向かうことはしない．慣れない土地で交通事故の危険性や，保護者や児童生徒が見ていることもあり，好ましくない行動である．

通学路では，実習校の児童生徒や地域の様子を観察するよい機会である．出会った児童生徒と挨拶を交わすことは大切である．

⑥ 学校内へ入る

学校に到着したら，正門前で身なりを整え，インターホンを押して所属と名前を名乗り，用件を告げてから開錠してもらい校内に入る．

受付で必ず名前と用件を伝え，校長室等へ案内してもらう．

⑦ ノックは3回，下座に座る

校長室等に入る際には，ノックを3回行い，「ど

うぞ」と声をかけられたら，ドアを開けて一礼し大学等名，名前と用件を伝え入室する．校長に案内されたら下座に腰掛ける（出入り口に近い席）．

⑧ 指導教員との打合せ

指導教員の説明は，正確にノートに書き留める．課題（研究授業指導案，給食指導案，食育だより等）が出された場合には，提出期限を明確にしておく．また，教育実習が円滑に進むように指導教員との連絡方法（電話してもよい曜日や時間帯・メールアドレス等）を教えてもらい，実習開始までの準備を進める．

4 自主研究課題のテーマ

栄養教育実習に臨む前に，学修ポートフォリオを確認し，主体的に自己の研究テーマを設定する．

そのテーマについてさまざまな方法で調査研究を進め，学修を深めながら教育実習の学びを通して課題解決法を明らかにし，レポートにまとめる．

さらに実習終了後に行われる実習報告会では，発表を行う．他者の発表から得られた新たな視点等についても考察する．

テーマとしては，以下のものがあげられる．

・食に関する指導の連携・調整について
・個別的な相談指導について
・食物アレルギー対応について
・教科等における指導および給食指導について
・教科等における教科担任等と連携した指導について
・家庭・地域との連携における食育推進についてなど

● D　栄養教諭の仕事の流れ●

栄養教諭はどのような時間を過ごし，どのような仕事をしているのか，単独調理校，共同調理場兼務，特別支援学校の例を紹介する．

1　栄養教諭の1日（単独調理校）

1日の仕事の流れを表Ⅱ-18に示す．

栄養教諭の1日は，健康チェックからはじまる．毎朝，出勤前に発熱や下痢等の体調を確認する．感染症等の可能性がある場合は，感染拡大防止のため出勤を控え医療機関を受診する．

出勤後は，身支度を整え，自分自身の徹底した衛生管理と調理場の水質検査や食材の検収等を行い，給食管理作業の準備を進めていく．食物アレルギー対応としては，児童生徒から代替食を預かり，給食の時間まで確実に保管する．調理従事者とのミーティングでは，作業工程や作業動線の確認とともに児童生徒の出席状況を調理従事者に伝え，共通理解を図る．

ミーティングが終わると調理作業がはじまる．栄養教諭は，調理作業や衛生管理の状況確認と並行して，事務作業や食に関する指導の授業を行う．給食の仕上げの確認（味や量，出来上がりの状態）は必ず栄養教諭が行う．食物アレルギーのある児童生徒の対応食については，確実に調理し，誤配がないよう，本人（または担任）に直接手渡しをする．

給食の時間における指導は，食育を推進するうえできわめて重要である．放送を利用して全児童生徒に伝えたり，学級を訪問し，発達段階に応じた指導を行ったりする．そして，児童生徒との会話や観察を通して，喫食状況を把握する．

午後は，給食委員会の児童生徒と下膳指導を行い，残食状況の確認を行う．5時間目からは，食に関する指導の授業や委員会・クラブ活動で指導する．授業の打合せは学級担任等と放課後に行い，授業の流れや児童生徒の実態を確認し，教材づくりを行う．

給食室においては，調理従事者と当日の調理業務の反省会を行う．また，翌日の献立について指示書・作業工程表等に基づき詳細なミーティングを行い，共通理解を図る．これは，安全・安心な給食を提供するために大変重要である．

そのほか，合間の時間を利用して，給食管理の事務作業を行う．毎日の給食日報作成や納品伝票の整理，衛生管理日常点検票等の帳簿作成とともに，献立作成や発注業務等，月単位で行う作業がある．食物アレルギーがある児童生徒の保護者用に，アレルゲンの詳細な情報がわかる資料や面談計画を作成する．とくに，家庭向け給食だよりや調理従事者等への調理業務指示書等は，期限があるため計画的に行う必要がある．

学校には，職員会議や校内研修，全校集会，発表会，給食試食会，学校保健委員会，校外での研修会等，さまざまな行事があり，業務が円滑に進むよう計画的に仕事を行っている．

2　栄養教諭の1日（共同調理場兼務）

共同調理場（学校給食センター）兼務の栄養教諭の例を紹介する．1日の仕事の流れ（表Ⅱ-19）と，栄養教諭の仕事の分担例を示す．

給食の受配校は，小学校4校，中学校2校で，約2,500食を提供しており，栄養教諭は2名配置されている．

栄養教諭が複数在席している場合は，隔月で献立作成を担当し，その月の給食管理（献立・発注・調理指導・衛生管理指導・帳簿作成）を，責任をもって実施する．食に関する指導は，献立担当以外の栄養教諭を中心に実施するが，2人同時に学校に出向くこともある．担当する学校数が多いと，午前と午後に別の学校で授業をすることもある．また，受配校の給食試食会や共同調理場の運営委員会，所属校の職員会議等に出席する．

■表Ⅱ-18　単独調理校の1日の仕事の流れ例

時刻	作業項目	作業内容
8:00	給食調理作業準備	・調理従事者の健康観察 ・水質検査等 ・食材料の検収，保存食（原材料）の採取 ・職員会議（児童欠席状況確認） ・食物アレルギー対応等の連絡・調整
9:00	給食室ミーティング	・当日献立等ミーティング ・随時給食室に入り，調理作業の確認
10:00	調理作業確認 食に関する指導	・教科等における食に関する指導（授業） ・指導資料作成等
11:00	調理作業確認 食物アレルギー対応 保存食の採取 検食 食物アレルギー対応	・調理仕上げの確認 ・対応食等の確認 ・保存食（調理済み食品）の採取 ・検食 ・対応食運搬
12:00	給食の時間	・給食の時間における食に関する指導 ・放送 ・教室訪問指導等 ・個別的な相談指導 ・下膳・委員会活動指導
13:00	給食実施後の確認・記録	・残菜の確認・記録 ・実施献立の記録
14:00	食に関する指導	・教科等における食に関する指導（授業） ・指導資料作成等
15:00	給食管理作業 委員会活動等 研修会，会議等	・栄養日報の作成 ・献立作成等諸帳簿等作成 ・給食委員会，クラブ活動の指導 ・職員会議，研修部会等会議
16:00	給食室ミーティング 担任等ミーティング	・調理作業等について打合せ ・食に関する指導について打合せ ・指導資料作成等

■表Ⅱ-19　共同調理場兼務（2,500食）の1日の仕事の流れ例

時刻	作業項目	作業内容
7:30	検収開始（野菜，肉魚類）	・検収責任者として確認 ・物資の状態により対応
8:30	ミーティング，調理作業開始	・調理場内確認 ・調理作業，衛生管理状況の確認
9:00	事務作業 指導資料作成 （途中，異物混入や調理トラブル等の対応）	
11:30	栄養教諭A　給食仕上げ確認 栄養教諭B　学校訪問	・中心温度，味見，盛り付け，搬出状況の確認 ・教科等における食に関する指導（授業）
12:30	給食の時間	・給食当番，配膳，喫食状況の確認 ・給食の時間における食に関する指導の実施 ・食器等の返却指導 ・給食主任と打合せ
14:00	栄養教諭A　物資納入の検収（乾物，調味料等） 　　　　　　事務作業 　　　　　　翌日の調理打合せ（調理主任） 　　　　　　会議・研修等 栄養教諭B　食に関する指導 　　　　　　事務作業 　　　　　　会議・研修等	・受配校から戻った検食簿や連絡ノート確認，コメント記入 ・作業工程表・動線図確認 ・物資確認 ・翌日のお便り確認 ・翌月の献立作成，献立委員会書類作成，物資入札，発注，検収簿準備 ・食物アレルギー対応書類確認 ・献立表，食育だより作成

栄養教諭の仕事の分担例

```
栄養教諭 A（当月献立担当者）
 　検収・調理場指導担当・検食簿・翌日の打合せを実施．
並行して再来月の献立作成，献立委員会の準備等
栄養教諭 B（当月食に関する指導担当者）
 　食に関する指導（授業等）を実施．翌月の給食準備（給
食物資の入札および発注作業，献立表，食育だより，食
物アレルギー献立表作成等）
２名の栄養教諭で相談して実施する内容
 　・衛生管理指導
 　・食に関する指導（学校訪問，給食の時間，授業等）
 　・試食会，給食センター見学対応
 　・市町村健康づくり担当課との連携
 　・市町村ホームページ掲載原稿の作成
 　・受配校との連絡・調整
 　・業者，保護者対応
 　・献立委員会
 　・給食センター運営委員会等
```

3　栄養教諭の１日（特別支援学校）

　特別支援学校に勤務する栄養教諭の１日を紹介する（**表 II-20**）．

　調理方式は，単独校方式がほとんどである．特別支援学校の幼児児童生徒は，さまざまな障害をもち，咀嚼・嚥下が困難な幼児児童生徒や病弱の子どもがいる．食物アレルギーだけでなく，個々の食事形態等に配慮を要する場合が多く，調理従事者との連携を密にとる必要がある．つねに幼児児童生徒に安全・安心でおいしい給食が提供できるよう努めている．

　朝の打合せでは，配慮食の指示書や作業工程表をもとに配慮すべき点を調理従事者と確認する．とくに衛生管理の面では，使用する食品数が多く，作業が複雑なので，二次汚染を招かないように指導する．

　配慮食対応の幼児児童生徒は，検診や体調不良等で欠席や早退をすることがあったり，容態が日々変化したりするので，担任や養護教諭と連絡を密にしておく．

　食に関する授業等は，学習したことを給食の時間に復習させることができるよう，可能なかぎり午前中に行っている．

　給食の時間は，校時表で決まっているが，喫食時間が長くかかる幼児児童生徒は，自立活動や生活単元等の時間を活用して，設定されている給食の時間より早めに食べはじめることもある．

　給食の時間は，献立を活用した食に関する指導の重要な時間である．とくに香りや舌ざわり，味，色等を確認させながら指導をしている．

　咀嚼調整食対応の幼児児童生徒については，食形態，食べる姿勢，食器具等を担任と一緒に確認する．摂食指導を病院等で受けている幼児児童生徒に関しては，給食の時間を利用して担任と情報を共有し，必要に応じて，幼児児童生徒の食に関する個別ファイルを作成している．

　昼休みの時間には，給食委員会の活動を支援したり，食育係と打合せを行ったりしている．

　午後からは，調理従事者と，本日の反省および翌日の調理について打合せを行う．作業工程表や作業

■**表 II-20**　特別支援学校の１日の仕事の流れ例

時刻	作業項目	作業内容
8：00	検収開始 朝の打合せ 調理作業開始 （曜日により職員朝会に出席）	・場内や調理作業状況の確認
9：00	事務作業	・納品書チェック・配慮食指示書の作成
10：00	授業等	
11：30	給食の仕上げ確認	・中心温度，味見，盛り付け，配慮食の確認
12：00	配膳の支援	・給食を早く開始する幼児児童生徒への対応
12：30	給食指導	・食に関する指導や摂食状況の確認等
13：00	後片付けの指導 食育係主任等との打合せ	
14：30	翌日の調理打合せ	・作業工程表・作業動線図・配慮食指示書の確認 ・物資の確認
15：00	各帳簿記入・確認	・学校給食日誌，検食簿，検収表等
15：30	事務作業	・食に関する指導の教材準備 ・翌月以降の献立作成，発注
16：00	各種会議や職員研修会に出席	・職員会議，食育係会，職員研修等

■表Ⅱ-21　栄養教諭が担当する年間業務例

月ごとの行事		参　考　例
4月	給食開始	・対象者数や食物アレルギーの確認等，円滑な業務遂行のための準備を行う．年度当初の職員会議では，給食指導の共通理解を図る．
	食育係会（給食担当者会）栄養摂取基準算定	
5月	食育推進委員会（学校給食運営委員会）	
6月	食育月間	・食育に関する絵画や標語を募集し，表彰したり，広報で紹介したりする．
7月	第1回学校保健委員会	・学校医，学校薬剤師等の専門家の指導・助言を受けることができるよい機会である．
8月	食材納入業者訪問	・納入業者の施設・設備や運営状況を把握する機会である．衛生的に問題がある場合は関係機関（保健所等）に連絡を行う．
	次年度の備品予算資料作成	
9月	保護者試食会	・保護者試食会や食育講演会等を開催する．
10月	栄養報告書作成	・都道府県教育委員会や管轄の保健所に報告する．
	交流給食	・ほかのクラスや異学年，地域の方々などと交流を深めるよい機会である．
11月	学校給食感謝祭（フェスティバル）	
12月	食材納入業者選定委員会に係る資料作成次年度食物アレルギー等調査票の作成	
1月	卒業生リクエスト給食調査入学予定者説明会	
	学校給食週間	・1月24日の学校給食記念日から30日まで，給食に感謝をする取り組みを行う．
2月	食材納入業者選定委員会食物アレルギー等調査の実施	・前年度に調査を行い，4月開始までに準備をする．命に関わる調査なので，必ず毎年行う．
	第2回学校保健委員会	
3月	食材納入業者契約会年度末業務整理	・契約要項に安全・安心でおいしい学校給食とするための条件を入れることが大切である．

動線図，配慮食の対応について確認し，共通理解を図っている．

その後，諸帳簿の記入や献立作成，食に関する指導教材の検討・作成を行う．特別支援学校で行う食に関する指導は幼児児童生徒の障害や実態に合わせた教材が必要であるため，担任と十分打合せを行って作成している．

放課後には，職員会議，校内研修，学校保健委員会，食育係会等の会議がある．栄養教諭もチーム学校の一員として運営にかかわり，学校全体で食育を進めている．

4　栄養教諭が担当するおもな年間業務

学校や共同調理場では，月ごとに「特色ある学校給食行事」の実施や各種委員会を開催している．

栄養教諭は食に関する専門性を生かして，行事の企画立案や実践・評価，また，各種委員会の運営や資料作成の検討に積極的に取り組んでいる（表Ⅱ-21）．企画立案や資料作成等については，2か月ほど前から必要な資料，情報の収集や提案の準備をはじめる．学校給食運営委員会や職員会議では，上司の承認（決裁）や全職員の共通理解を得る必要があるため，効率的かつ効果的な実施に努めている．

そのほか，栄養教諭は，施設・設備を充実させるために予算要求を行う場合もある．学校給食の運営に必要な機械や設備，消耗品の予算はほぼ前年度に決定するので，積算根拠の資料を作成して予算算定会に参加し，必要な予算の獲得に努める．より機能的・衛生的な職場環境を整えることは大切な業務である．年1回の業務は，時期を失すると，次年度まで待たなくてはならないので，日ごろから準備を心がけ，計画的に進めるようにしている．

● E 栄養教育実習生を受け入れるにあたって ●

栄養教育実習生を受け入れる栄養教諭からのアドバイスや期待を込めたメッセージを紹介する.

栄養教諭をめざすみなさんへ

鹿児島市立西伊敷小学校（共同調理場兼務）
栄養教諭　西内　恵子

「おいしい給食いただきます！」毎日の給食の時間は，この言葉ではじまる．児童生徒にとって，給食はおいしくて当たり前．しかも，献立表を驚くほど隅から隅まで見ている．加えて，友達と楽しい時間を共有するための最高のツールとなっている.

一方で，児童生徒は食に関するさまざまな課題を抱えている．たとえば，主食だけの朝食であったり，野菜の摂取不足や給食ではじめて食べる食品や料理があったりするなど，学年に関わらず多数見受けられる．小学校から中学校にわたる給食の時間をはじめとする食に関する指導の積み重ねがこれらの課題を解決し，食の自立に導く大切な教育であることを十分にふまえたうえで，栄養教育実習に臨んでいただきたいと思う.

とくに，給食の時間や教科等における食に関する指導において，実際に児童生徒を指導する機会が設けられている．児童生徒の大好きな給食を教材として，どのようなことを伝えられるのか，実習前に構想を練っておくとよい．また，実習では，子どもたちに積極的に関わり，笑顔で寄り添い，話を聞いてあげてほしい．食べ物のことだけでなく，好きなアニメやキャラクターの話から思わぬ児童生徒理解につながることもある.

最近の栄養教諭には，食に関する指導のほうが注目されがちであるが，栄養教諭の基盤となる給食の管理がおろそかになると，「砂上の楼閣」となる．おいしくて安全・安心かつ，教材として意味のある給食の提供とともに栄養管理が日々確実に行われることが重要である．やがて栄養教諭となる視点で，学校給食の現場からしっかり学んでほしい.

「子どもたちのために，栄養教諭として学校で働きたい！」そんな熱い思いにあふれる栄養教諭が誕生することを願っている.

夢広がる栄養教諭

千葉市立瑞穂小学校
栄養教諭　秋葉　佳子

児童生徒は義務教育の9年間を通して，心身ともに著しく成長する．そして日々，目を輝かせ，わくわくしながら学習をしている.

学校では，食に関する指導を効果的に進めるために，全教職員が相互に連携・協力して組織的に取り組んでいる.

栄養教諭は食の専門職として，学校における食育の推進に大きな役割を担っている．実習生のみなさんは，この視点をもつとよい．また，栄養教諭は，学校給食の管理と食に関する指導を一体的に行う．食に関する指導だけできればよいのではない．給食の管理ができてこそ栄養教諭の責務を果たすことができる．毎日おいしい給食を提供することで児童生徒や教職員から信頼を得ることができる．そして，給食が最も優れた「生きた教材」になる.

実習にあたり大切なこと2点をあげる.

① 実習課題をもつ

机上で学んだことを「点」とすると，実習で学ぶことで「線」に結びつけることができる．その線を多くしたり，太くしたりするためには，ただ何気なく過ごすのではなく，自分で実習課題を明らかにし，積極的に取り組む姿勢を堅持して臨むことである．課題を設定することで実習を深めることができる.

② 体調を整えて臨む

教育実習では，健康が第一である．食の大切さを教えるみなさんが，元気がなかったり顔色が悪かったりしたら児童生徒や教職員はどのように思うだろう．心配し，不安になることであろう．学校に入ったら「明るく元気にいきいきと」をモットーに臨むようにしてほしい．実習の基本は体調管理である.

最後に，児童生徒からみれば実習生も「先生」である．よって，行動はもちろん，言葉一つ一つにも責任をもつことが大切である.

学び多い実習になることを期待している.

栄養教諭としての責務と喜び

鹿児島県立鹿児島聾学校
栄養教諭　飛松　佳子

　特別支援学校の幼児児童生徒は視覚障害，聴覚障害，知的障害，肢体不自由，病弱などの特性があり，その障害は多様化，重複化している．学校では，自立して社会参加できるように支援する教育活動を行っている．そのために栄養教諭は，「個別の指導計画」を学級担任や養護教諭と作成し，共通理解のうえで保護者や主治医，専門機関等と連携して，必要な配慮や対応を決めて支援している．また，教育活動には，特別の指導領域として自立活動があり，計画的・段階的に摂食機能の向上や食事マナーの習得等を学習し，幼児児童生徒はみずからの課題に主体的に取り組んでいる．

　献立は教材といわれるが，特別支援学校ではまさに「生きる」ことにつながっている．彩りや香り，唇・舌の感覚等で食への関心を高められるよう，五感を刺激する工夫が大切である．また，個々の児童生徒の状況に応じた配慮食として，嚥下咀嚼対応食，食物アレルギー食，エネルギー調整食，こだわり対応食等が求められている．また，食器具もさまざまな形態の物を用意し，安全に食事ができるよう配慮している．

　実習生を受け入れるにあたり，幼児児童生徒のなかにはパニックになったり，音に敏感だったり，人との関係が難しかったりする場合がある．しかし，子どもはきちんと理解していて，真剣に向き合うことで受け入れてくれる．ゆっくりではあるが，着実な幼児児童生徒の変容に関わることで，栄養教諭としての責務と喜びを感じていただければと思う．

　特別支援学校は，各学校で独自の特色ある教育活動を行っているので，事前にホームページ等で確認することを勧める．また，基礎疾患や免疫力が低い子どもが多くいるので，感染症対策等に関する学校の指示をしっかり守ってほしい．

　特別支援学校での教育実習が栄養教諭としての幅を広げられるよう期待している．

人前で話す練習をしておきましょう！

光市立浅江小学校（共同調理場兼務）
栄養教諭　中津井　貴子

　栄養教諭は，学校における食に関する指導を充実させて，児童生徒に望ましい食習慣を身に付けさせるのが使命である．そのため，指導者としてみずからふだんの生活習慣や食習慣を児童生徒に胸を張って言えるような手本であってほしいと思う．

　栄養教育実習では，慣れない環境に一人で入り緊張すると思う．しかし，学校は，人前で話をする機会が多い．一方，先生方は人の話をよく聞いてくださる．そのため，自分が何を言いたいのか，自分の考えを整理して話す技能が求められる．

　実習生として学校に入ると，最初に全教職員を前にして，挨拶と自己紹介をすることから始まる．次に，全校児童または生徒を前にして（全校放送で行う場合もある），その次には担当する学級で挨拶をすることになる．

　児童生徒の前で授業を行う研究授業のときには，校長や教頭，教務等多くの先生の前で授業を行わなければならない．授業を行っている者が緊張していると，子どももそのことを感じ取る．緊張してしまうと，授業中に子どもがよい発言をしたとしても，その発言を拾うことができず，授業に生かすことができないかもしれない．

　栄養教育実習では，このようなさまざまな場面を想定して，人前で話す練習をしておくことが大事である．人前で話をするのが苦手だと思っている人，人前に立つと緊張してしまうと感じている人は，練習をしっかりしておくことを勧める．何度も場数を踏んで慣らしておくことで，緊張しないで自分らしく栄養教育実習を楽しむことができると思う．

● F　栄養教育実習の事後指導●

1　御礼状の書き方

●栄養教育実習が終了したら，お世話になった校長，指導教員をはじめ，教職員および児童生徒に感謝の気持ちを込めて，御礼状を書く．

① 御礼状は，実習を終了後，なるべく早め（できれば1週間以内）に発送する．

② 便箋は，絵柄や色の入っていない白地のものを使用する．

③ 手書きで，縦書きで書くことが正式で丁寧とされている．

④ 下書きで誤字・脱字等を確認し，清書するようにする．

●実習の時期によって，書き出しの時候の挨拶に用いる言葉は変わってくるが，参考までに基本的な構成および例文を表Ⅱ-22に示す．

① 語頭（拝啓など）

② 時候の挨拶

③ 御礼の言葉（栄養教育実習の場を与えられたことへの御礼）

④ 実習中の感想（指導を受けたことや印象に残ったことを交えて，感謝の気持ちが伝わる内容で書く）

⑤ 今後の目標や抱負（実習での学びを今後の学修や学生生活に，どのように生かしていくかなど）

⑥ 結びの文章

⑦ 結語（敬具など）

⑧ 日付，氏名，相手の肩書や名前

■表Ⅱ-22　御礼状の書き方例

拝啓

　暑さ厳しき折、（この部分は時季を考慮する）○○校長先生をはじめ、○○小学校の先生方におかれましては、益々ご健勝のこととお喜び申し上げます。

　この度の栄養教育実習では、ご多用な中にも関わらず、ご指導を賜り、誠にありがとうございました。一週間の実習を無事に終えることができましたのも、先生方があたたかく受け入れてくださったおかげと深く感謝しております。

　実習中は至らない点が多く、何かとご迷惑をおかけしたのではないかと存じますが、給食の時間の指導や休み時間での児童とのふれあいを通して、栄養教諭の魅力にあらためて気づき、そのすばらしさを実感いたしました。机上の勉強では学ぶことのできない貴重な経験をさせていただきました。

　実際に教壇に立ってみて、授業をすることの難しさや・・・・・・・・・・・・（授業実践での感想を書く）経験させていただきました。

　中でも、栄養教諭の○○先生や担任の●●先生にご指導いただいた・・・・・・・（指導案作成や教材づくり等実習中に指導していただいたことや印象に残ったこと、気付きを書く）

　また、研究授業において、校長先生をはじめ多くの先生方から貴重なご指導やご助言をいただきありがとうございました。貴校での貴重な経験を今後の学生生活に生かし、・・・・・・・・（今後の抱負や目標を書く）

　末筆ながら先生方のご健康と○○小学校の益々のご発展をお祈りいたします。

敬具

令和○年○月○日

○○○○大学○○○○学科

○○○
○○○
○○○

○○小学校長
○○○先生

Ⅱ ● 栄養教育実習　81

2 実習録のまとめ・振り返り・問題点の整理

(1) 実習録のまとめ

① 実習録の項目に従い，その日のできごとや実習の内容について記録する．

② 研究授業については，指導を受けたことや気付き，反省点等を整理し記録する．整理・記録することで考えが深まり，課題解決のための糸口が見つかる．

③ 記入の際には，話し言葉は使用せず，誤字・脱字のないよう，丁寧に書く．

④ 実習録は，指導上の公文書に準ずる扱いとなるので，児童生徒の個人情報にも配慮し，ボールペンまたはペンで記入することが望ましい．

(2) 実習の振り返りと問題点の整理

① 大学等での講義で思い描いていた栄養教育実習と，実際の体験とのギャップを感じたり，児童生徒と接するなかで多くの気付きを発見したりすることがある．

② 実習の事前準備として，教材研究や指導案作成，模擬授業を行ってはいても，実際に児童生徒を前に行う授業実践では，想定していなかった子どもの姿や反応等に気付かされることがたくさんある．

③ 授業観察では，児童生徒の発達段階に応じた細やかな配慮や発問の工夫等について，教員から学ぶべき授業スキルが多くあり，自分の成長に役立てることができる．

④ 研究授業では，自分の授業を組み立てる過程において，指導教員からの助言や自己の振り返りのなかから，授業に対する新たなイメージが獲得でき，課題解決のための糸口が見つかることもある．

栄養教育実習における振り返りについては，**表II-23**に5つの観点から示している．

観点のそれぞれの項目について振り返りを行い，評価が1・2となった項目を中心に見直しを行うとともに，実習全体を通して課題を洗い出し，問題点を整理しておく．

3 報告会

栄養教育実習終了後，大学等での事後指導において実習の報告会を行う．報告会では，実習中の体験をお互いに報告し合い，情報を共有することで，自身が行った実習を客観的にとらえることができ，学びも深まる．

報告会では，報告内容をプレゼンテーション原稿にまとめて発表し，グループ討議等を行う．

報告内容としては次のようなものが考えられる．

・実習校の概要（教育目標，めざす児童生徒像，食に関する指導の目標等）
・実習計画（日々の実習内容）
・授業観察から学んだこと
・研究授業を通して学んだこと
・児童生徒を通して学んだこと
・学級担任や養護教諭等，教職員との連携のあり方
・栄養教育実習全体を通しての成果と課題

4 今後の課題

栄養教育実習の振り返りや問題点の整理を行うことでみえてきた課題等を通して，今後どのように取り組んでいくか，課題解決に向けて検討した内容についてまとめ，教職実践演習につなげる．

また，実習報告会で，他者の発表を聞くことにより得られた新たな視点等についても考察する．

振り返り項目	評　価
1．学校の概要把握等	
① 学校の教育目標が理解できた．	1・2・3・4
② 校務分掌で栄養教諭の位置付けが理解できた．	1・2・3・4
③ 児童生徒の1日の生活全般について，理解を深めた．	1・2・3・4
④ 学校の危機管理と児童生徒の安全について，理解を深めた．	1・2・3・4
⑤ 学校の教育課程がどのように編成されているか理解できた．	1・2・3・4
⑥ 学習指導要領について理解を深めた．	1・2・3・4
⑦ 言語，服装など，教育職員にふさわしい態度に努めた．	1・2・3・4
⑧ 実習生活の綿密な計画を立て，主体的に行動できた．	1・2・3・4
2．児童生徒に対する理解	
① 児童生徒の食生活の実態について理解しようと努めた．	1・2・3・4
② 児童生徒の食習慣の形成について理解しようと努めた．	1・2・3・4
③ 給食時における社会性や基本的なマナー等について理解した．	1・2・3・4
④ 児童生徒の発想や気持ちを受け入れ，理解するよう努めた．	1・2・3・4
3．児童生徒への個別的な相談指導	
① 児童生徒の偏食や肥満傾向，食物アレルギー等の実態を把握し，個別相談指導の重要性を認識した．	1・2・3・4
② 効果的な個別相談指導を行うカウンセリングの技術方法を理解した．	1・2・3・4
③ 個別相談指導の特徴を認識した．	1・2・3・4
④ 個別相談指導の手順を心得ての指導が必要であることを理解した．	1・2・3・4
4．児童生徒への教科・特別活動等における教育指導	
① 食に関する指導の全体計画作成に盛り込む要素が理解できた．	1・2・3・4
② 食に関する指導の全体計画作成の手順を理解した．	1・2・3・4
③ 学習指導案の作成の手順を理解した．	1・2・3・4
④ 授業の教材研究や資料作成に積極的に取り組むことができた．	1・2・3・4
⑤ 教科等の特性を理解して，食に関する指導を行うことができた．	1・2・3・4
⑥ 児童生徒の発達段階に応じた指導が大切であることを認識した．	1・2・3・4
⑦ 毎日の献立が食に関する指導の教材であることを理解した．	1・2・3・4
⑧ 給食の時間の指導と教科等との指導の関連について，理解を深めた．	1・2・3・4
⑨ 給食の時間における指導を効果的に行うことができた．	1・2・3・4
⑩ 給食の時間の食に関する指導，配膳指導，後片付けの指導等が理解できた．	1・2・3・4
⑪ 委員会活動における給食委員会の活動内容を理解した．	1・2・3・4
⑫ 学校保健委員会における栄養教諭の役割が理解できた．	1・2・3・4
5．食に関する指導の連携・調整	
（校内）	
① 指導を行うには児童生徒の食生活における実態を把握することが重要であることを認識した．	1・2・3・4
② 食に関する指導の全体計画作成にあたっては，栄養教諭には中心的な役割が求められることを理解した．	1・2・3・4
③ 学級担任や養護教諭等と連携した指導の必要性を理解した．	1・2・3・4
（家庭・地域）	
① 食物アレルギー等を有する児童生徒に対する学校給食での対応について理解した．	1・2・3・4
② 食育だより等の家庭への情報提供について理解した．	1・2・3・4
③ 給食試食会，招待給食，親子料理教室等の開催の必要性を理解した．	1・2・3・4
④ 地域の栄養士会，生産者団体，PTA等との連携・調整の必要性を認識した．	1・2・3・4
⑤ 地域の人材等の社会資源を把握し活用する必要性を認識した．	1・2・3・4
⑥ 学校医や他部局の管理栄養士との連携の必要性を理解した．	1・2・3・4

【評価】　1：できなかった　2：あまりできなかった　3：おおむねできた　4：できた

教職実践演習

●教職実践演習とは●

1　教職実践演習の法的根拠と位置付け

　教職実践演習は，2006（平成18）年の中央教育審議会『今後の教員養成・免許制度の在り方について』において，教員免許状が保証する資質能力と，現在の学校教育や社会が教員に求める資質能力との間に乖離が生じてきていたことから，その乖離を補い教員としての最小限必要な資質能力を形成し，卒業後の教職生活がより円滑にスタートできるよう，新設が提案された科目である．2010（平成22）年度入学生から必修化された．Ⅱ章の栄養教育実習で述べたとおり，教職免許法及び教職免許法施行規則の改正において「教育実践に関する科目」に位置付けられ，栄養教諭免許状を取得するためには，必ず修得しなければならない科目とされている（p.15，表Ⅱ-2）．

2　教員として必要な資質能力

　教員に求められる資質能力は，いつの時代にも変わらないものと，社会の変化等に対応するものとがある．

　社会の変化等に対応する資質能力のなかには，すべての教員が身に付けるのではなく，多様で個性豊かな人材によって構成される教員集団が連携・協働することにより，学校という組織全体として充実した教育活動を展開すべきものもある．大学等で修得する資質能力は，最小限のものであり，社会の変化や自身のキャリアステージに応じ，生涯にわたって

高めていく必要がある（表Ⅲ-1）．

　とくに，栄養教諭は，栄養の専門性をもった教員である．栄養の世界は，日々進展を続けている．教員としての資質能力を磨くことはもちろん，栄養に関してもつねに新しい知識の修得に努めるなど，学び続けることが重要である．

3　教職実践演習の意義と目的

　教職実践演習は，教職課程の総まとめの科目であり，学生が栄養教諭として最小限必要な資質能力を形成できたかを，最終的に確認する科目である．また，大学等の到達目標等に達しているかを判断するために実施される．そのため，教職実践演習は，卒業年次（4年・2年）の後期に履修することとされ，全学年を通じた「学びの軌跡の集大成」として位置付けられている．

（1）教職実践演習の意義
●栄養教諭になるうえで，学生自身が課題を自覚する．
●不足している知識・技能等を補う．
　1年次からさまざまな教職課程科目を学修し，栄養教育実習の経験，その他の活動を通して身に付けてきたものが，栄養教諭として最小限必要な資質能力として形成されているかどうか，求められる栄養教諭像に照らし合わせて課題を達成できているかについて，自己評価を行う．課題は一人一人違うので，1年次から定期的に，学修ポートフォリオ等を活用

し，自身が修得した資質能力を確認するとともに，自己の課題を明らかにしておくことが大切である．

（2）教職実践演習の目的

●栄養教諭に求められる最小限必要な資質能力を形成することで，卒業後の教職生活が，より円滑にスタートできるようになる．

　教職実践演習は，学生が栄養教諭になるうえでの課題を自覚し，不足している知識・技能を補うためのものである．受講の際は，学修ポートフォリオを活用し，一人一人の学生の課題を学生自身と大学教員の双方が確認し，学生に何が足りないのかを明確にする．それを補うために何が必要なのかを両者が認識して授業に臨むことで，最小限必要な資質能力の修得が可能となる．

　教職実践演習では，教員として求められる４つの事項が示されたが，とくに栄養教諭に求められるものとして，本書では「栄養の専門性に関する事項」を加えた（p.9参照）．この栄養の専門性に関する事項は，教職課程の「栄養に係る教育に関する科目」だけでなくp.2のカリキュラムマップで示すように，多くを管理栄養士・栄養士養成課程での学びから修得していくものである．そのことをふまえ，履修カルテ例②（資質能力についての自己評価）を使用し（p.100，**巻末資料**），自己評価を行うことが大切である．

▌4　教職実践演習の授業内容・方法例

　初回の授業では，これまでの学修や栄養教育実習の振り返りを行うとともに，グループ討論等で，栄養教諭に必要な資質能力に関する課題について話し合うことで，自己の課題の解決方法等を明らかにする．課題解決に取り組む方法について履修カルテ例②に記入し，学修ポートフォリオに保管する．

　２回目以降の授業では，不足している知識・技能等を補い，その定着を図ることで課題を解決する．そのために役割演技（ロールプレイング），事例研究，現地調査（フィールドワーク），模擬授業等を行い，自己の課題解決につながるように積極的に取

想定されるおもな授業形式

> **役割演技（ロールプレイング）**
> 　ある特定の教育テーマ（例えば，いじめ，不登校等）に関する場面設定を行い，各学生に様々な役割（例えば，生徒役，教員役，保護者役等）を割り当てて，指導教員による実技指導も入れながら，演技を行わせる．
> **事例研究**
> 　ある特定の教育テーマに関する実践事例について，学生同士でのグループ討議や意見交換，研究発表などを行わせる．
> **現地調査（フィールドワーク）**
> 　ある特定の教育テーマに関する実践事例について，学生が学校現場等に出向き，実地で調査活動や情報の収集を行う．
>
> （平成18年中央教育審議会答申「今後の教員養成・免許制度の在り方について」（別添１）抜粋）

り組み，これまで学んできた理論を理解したり，身に付けたりしているかを確認する．

　また，外部講師の栄養教諭の講話から，給食管理における課題解決方法や他職種との連携，食に関する指導のコーディネーターとしてのあり方，集団や個別の食に関する指導方法等を学び，めざす栄養教諭像と照らし合わせて，より具体的に自己の課題を考えることができる．

　表Ⅲ-2に教職実践演習の授業内容・方法例とともに，栄養教諭として求められる５つの事項①〜⑤と授業内容等との関連を示したので，自己の課題解決の参考にしてほしい．

　まとめの授業では，学修ポートフォリオ等を活用し，栄養教諭として最小限必要な資質能力を身に付けることができたかを確認する．

▌5　到達目標と確認指標例

　到達目標と確認指標例を**表Ⅲ-3**に示した．

　到達目標は，栄養教諭として最小限必要な資質能力について，具体的にどの程度のレベルまでの修得が必要か，確認指標例は，どのような観点に基づいて行えば，到達目標に達しているかを確認できる例を示したものである．

不　易*	社会の変化等による課題	答　申
○教育者としての使命感 ○人間の成長・発達についての深い理解 ○幼児児童生徒に対する教育的愛情 ○教科等に関する専門的知識 ○広く豊かな教養 ○上記を基盤とした実践的指導力		1987（昭和62）年教育職員養成審議会答申 『教員の資質能力の向上方策等について』
	○地球的視野に立って行動するための資質能力 ○変化の時代を生きる社会人に求められる資質能力 ○教員の職務から必然的に求められる資質能力 　・得意分野を持つ個性豊かな教員の必要性 　・画一的な教員像を求めることは避ける	1997（平成9）年教育職員養成審議会 『新たな時代に向けた教員養成の改善方策について（第1次答申）』
○教職に対する強い情熱 ○教育の専門家としての確かな力量 ○総合的な人間力		2005（平成17）年中央教育審議会 『新しい時代の義務教育を創造する（答申）』
	○常に研究と修養に努め，専門性の向上を図る ○不断に最新の専門的知識や指導技術等を身に付けていく「学びの精神」	2006（平成18）年中央教育審議会 『今後の教員養成・免許制度の在り方について（答申）』
	○自律的に学ぶ姿勢 ○時代の変化や自らのキャリアステージに応じて求められる資質能力を生涯にわたって高めていくことのできる力 ○情報を適切に収集し，選択し，活用する能力 ○知識を有機的に結びつけ構造化する力 ○新たな課題に対応できる力量 　・アクティブ・ラーニングの視点からの授業改善 　・道徳教育の充実 　・小学校における外国語教育の早期化・教科化 　・ICTの活用 　・発達障害を含む特別な支援を必要とする児童生徒等への対応など ○「チーム学校」の考えの下，多様な専門性を持つ人材と効果的に連携・分担し，組織的・協働的に諸課題の解決に取り組む力	2015（平成27）年中央教育審議会 『これからの学校教育を担う教員の資質能力の向上について〜学び合い，高め合う教員育成コミュニティの構築に向けて〜（答申）』
○倫理観 ○使命感 ○責任感 ○教育的愛情 ○総合的な人間性 ○コミュニケーション力 ○想像力 ○自ら学び続ける意欲 ○研究能力	○学習指導に主として関するもの ○生徒指導に主として関するもの ○特別な配慮や支援を必要とする子どもへの対応に主として関するもの ○ICTや情報・教育データの利活用に主として関するもの	2022（令和4）年文部科学省告示 『公立の小学校等の校長及び教員としての資質の向上に関する指標の策定に関する指針』 2022（令和4）年中央教育審議会 『「令和の日本型教育」を担う教師の養成・採用・研修等の在り方について〜「新たな教師の学びの姿」の実現と，多様な専門性を有する質の高い教職員集団の形成〜（答申）』

＊不易：時代を通じて変わらないこと，不変

■表Ⅲ- 2　教職実践演習の授業内容・方法例と授業に含めることが必要な事項との関連

栄養教諭として求められる事項として，教職実践演習に含めることが必要とされる事項	①使命感や責任感，教育的愛情等に関する事項　　④教科・保育内容等の指導力に ②社会性や対人関係能力に関する事項　　　　　　　関する事項 ③幼児児童生徒理解や学級経営等に関する事項　　⑤栄養の専門性に関する事項

授業内容・方法例	具体例	上記事項との関連
○教職の意義や教員の役割，職務内容，児童生徒に対する責任等についてのグループ討論・ロールプレイング	・手洗いをしようと並んでいるのに，次々とほかの児童生徒が割り込んで，いつまでたっても順番が来ない児童生徒がいる場面を想定したロールプレイング	主として，①，③
	・こだわりや感覚過敏，文化・宗教等の背景により，給食が食べられない児童生徒の給食の時間を想定したロールプレイング	主として，①，③
○社会性や対人関係能力（組織の一員としての自覚，保護者や地域の関係者との人間関係の構築等）についての講義・グループ討論	・食に関する指導の全体計画の作成についての講義および作成のためのグループ討論	主として，①，②
	・食物アレルギーを有する児童生徒が安全に楽しく学校生活を送るために必要なことについてのグループ討論	主として，①，②
○児童生徒理解や食に関する課題についての講義・グループ討論	・朝食を食べないで登校する児童生徒の背景等の考慮に関する講義と対応についてのグループ討論	主として，③，⑤
	・食行動に問題を抱える児童生徒への個別的な相談指導の進め方についてのグループ討論	主として，②，③，⑤
	・給食の時間に，野菜がたくさん残る学級の児童生徒への指導についてのロールプレイング	主として，①，③
○学校給食施設（共同調理場を含む）の見学・調査	・学校における食物アレルギー対応をテーマとして見学・調査	主として，①，⑤
	・学校給食施設における衛生管理をテーマとして見学・調査	主として，①，⑤
○社会性，対人関係能力，児童生徒理解についてのグループ討論	・栄養教育実習の経験をもとに，児童生徒の実態や発達段階に応じたティーム・ティーチングによる学習指導案の作成についてのグループ討論	主として，②，③
	・委員会活動に地域講師を招聘する際の児童生徒に対する指導についてのグループ討論	主として，②，③
○学校給食の管理についての講義・グループ討論	・児童生徒の実態を把握した栄養管理についての講義とグループ討論	主として，①，⑤
	・食に関する指導の教材となる献立作成についての講義とグループ討論	主として，①，⑤
	・学校給食衛生管理基準に基づいた衛生管理についての講義とグループ討論	主として，①，⑤
	・異物混入防止対策についての講義とグループ討論	主として，①，⑤
○食に関する指導のスキルについての講義・グループ討論	・栄養教育実習の経験をもとに，児童生徒の実態や発達段階に応じた学習指導案および教材作成についてのグループ討論	主として，③，④，⑤
○校内の教職員や家庭・地域との連携のためのコーディネートについてのグループ討論	・地場産物を活用した学校給食を教材とした食に関する指導を行う際のコーディネートについてのグループ討論	主として，②，⑤
○模擬授業	・教員としての表現力や授業力，児童生徒の反応を生かした食に関する授業づくり，効果的な指導法等を確認	主として，④，⑤
	・インターネットやICT機器を活用した食に関する指導についての演習	主として，②，④，⑤

（平成18年中央教育審議会答申『今後の教員育成・免許制度の在り方について』・平成20年『教職実践演習の実施に当たっての留意事項』・令和4年中央教育審議会答申『「令和の日本型学校教育」を担う教師の養成・採用・研修等の在り方について～「新たな教師の学びの姿」の実現と，多様な専門性を有する質の高い教職員集団の形成～』を参考に作成）

授業に含めることが必要な事項	到達目標	確認指標例
① 使命感や責任感，教育的愛情等に関する事項	・教育に対する使命感や情熱をもち，つねに児童生徒から学び，ともに成長しようとする姿勢が身に付いている． ・高い倫理観と規範意識，困難に立ち向かう強い意志をもち，自己の職責を果たすことができる． ・児童生徒の成長や安全，健康を第一に考え，適切に行動することができる．	・誠実，公平かつ責任感をもって児童生徒に接し，児童生徒から学び，ともに成長しようとする意識をもって，指導にあたることができるか． ・教員の使命や職務についての基本的な理解に基づき，自発的・積極的に自己の職責を果たそうとする姿勢をもっているか． ・自己の課題を認識し，その解決に向けて，自己研鑽に励むなど，つねに学び続けようとする姿勢をもっているか． ・児童生徒の成長や安全，健康管理につねに配慮して，具体的な教育活動を組み立てることができるか．
② 社会性や対人関係能力に関する事項	・栄養教諭としての職責や義務の自覚に基づき，目的や状況に応じた適切な言動をとることができる． ・組織の一員としての自覚をもち，ほかの教職員と協力して職務を遂行することができる． ・保護者や地域の関係者と良好な人間関係を築くことができる．	・挨拶や服装，言葉遣い，ほかの教職員への対応，保護者に対する接し方など，社会人としての基本が身に付いているか． ・ほかの教職員の意見やアドバイスに耳を傾けるとともに，理解や協力を得ながら，みずからの職務を遂行することができるか． ・学校組織の一員として，独善的にならず，協調性や柔軟性をもって，校務の運営にあたることができるか． ・保護者や地域の関係者の意見・要望に耳を傾けるとともに，連携・協力しながら，課題に対処することができるか．
③ 幼児児童生徒理解や学級経営等に関する事項	・児童生徒に対して公平かつ受容的な態度で接し，豊かな人間的交流を行うことができる． ・児童生徒の発達や心身の状況に応じて，抱える課題を理解し，適切な指導を行うことができる． ・児童生徒との間に信頼関係を築き，児童生徒の実態を把握して，食に関する指導の全体計画の進行管理ができる．	・気軽に児童生徒と顔を合わせたり，相談に乗ったりするなど，親しみをもった態度で接することができるか． ・児童生徒の声を真摯に受け止め，児童生徒の健康状態や性格，生育歴等を理解し，公平かつ受容的な態度で接することができるか． ・社会状況や時代の変化に伴い生じる新たな課題や児童生徒の変化を，進んで捉えようとする姿勢をもっているか． ・児童生徒の特性や心身の状況を把握したうえで，食に関する指導の全体計画を提案し，それに基づく進行管理をしようとする姿勢をもっているか．

④ 教科・保育内容等の指導力に関する事項	・教科等の学習内容を理解しているなど，学習指導の基本的事項（教科等の知識や技能など）を身に付けている． ・板書，話し方，表情など授業を行ううえでの基本的な表現力を身に付けている． ・児童生徒の反応や学習の定着状況に応じて，授業計画や学習形態等を工夫することができる．	・みずから主体的に教材研究を行うとともに，それを生かした学習指導案を作成することができるか． ・教科等の学習内容を理解し，学校給食を活用してわかりやすく学習を組み立てるとともに，児童生徒からの質問に的確な応答ができるか． ・板書や発問，的確な話し方など基本的な授業技術を身に付けるとともに，児童生徒の反応を生かしながら，集中力を保った授業を行うことができるか． ・アクティブ・ラーニングの視点を取り入れた授業を行うことができるか． ・ICT 機器等を活用した食に関する指導を行うことができるか．
⑤ 栄養の専門性に関する事項	・学校給食実施基準を理解し，児童生徒の成長および実態を把握した栄養管理ができる． ・食に関する指導の教材となる献立作成についての基本的事項（教科等の知識など）を身に付けている． ・学校給食衛生管理基準の内容を理解しているなど衛生管理の基本的事項を身に付けている． ・食物アレルギー対応や異物混入防止対策など，安全管理を行ううえでの基本的な知識・技能を身に付けている．	・献立計画に基づき，児童生徒の実態に応じて適切な栄養量の献立を作成することができるか． ・食に関する指導の教材として活用できるように，ねらいが明確な献立作成ができるか． ・学校給食衛生管理基準の内容を十分理解し，作業工程表や作業動線図等を作成できるか． ・学校給食における食物アレルギー対応指針を理解し，除去食・代替食献立を作成できるか． ・異物混入防止対策ができるとともに事故発生時の対応ができるか．

（平成18年中央教育審議会答申「今後の教員育成・免許制度の在り方について」を参考に作成）

栄養教育実習の
「こんなときは，どうしたらいいの？」
学生の素朴な疑問に答えます．

Q1 「食育」と「食に関する指導」の違いが，よくわかりません．どのように説明すればよいでしょうか？

「食育」は，食に関する知識や実践力を身に付け，望ましい食習慣の定着をめざすものです．学校では，食育の目的を達成するため，給食の時間や教科等の時間に，学校給食を教材として「食に関する指導」を行っています．このように学校においては，「食育」は『目的』，「食に関する指導」は『手段や方法』と整理しています．

Q2 事前打合せで，担当学年と研究授業（査定授業）のテーマが決まり，学習指導案を作成しました．その内容について指導教員に添削していただきたいのですが，どのようにして連絡をとればよいでしょうか？

基本的には，指導教員と相談して連絡方法を決めます．ファクスやメール等でやり取りすることが考えられます．指導案等の資料を送る際には，必ず送付した旨の連絡を入れておくことが大切です．

Q3 事前打合せの際に，指導教員から「せっかくの教育実習なので，研究授業の学級活動は，ティーム・ティーチングではなく，一人で授業をしてください」と言われました．実習生が一人で，学級活動を実施してもよいでしょうか？

実習校の指導教員は，実際の児童生徒を前にした授業実践をより長く経験させたいという思いからの発言であると考えられます．しかし，本来，栄養教諭と学級担任，教科担任でティーム・ティーチングにより食に関する授業を行う目的は，栄養教諭が有する食に関する専門性を活用し，学級担任等に不足する食に関する専門性を補完・支援することです．一方，個々の児童生徒の実態については，学級担任はよく把握していますが，栄養教諭は把握できていません．つまりティーム・ティーチングは，お互いの不足分野を補い，得意分野を生かすという相乗効果を期待した授業形態です．このことから，研究授業（査定授業）では，ティーム・ティーチングの授業形態で学生の不足している部分を学級担任が補完・支援することが望まれます．

Q4 授業での「質問」と「発問」の違いがわかりません．

「質問」は児童生徒に尋ねたとき，一問一答で終わるような問いかけです．「発問」は，児童生徒が考えたり気付いたりしたことを答えるもので，答えは1つではありません．「はい／いいえ」などの答えやすい「質問」をすると，全員が授業に参加しやすいという効果は期待できますが，それだけでは児童生徒の思考は深まらず，学習意欲の向上が期待できません．児童生徒の思いや考えを引き出すような「発問」の工夫が必要です．

Q5　児童生徒の名前を覚えられるか不安です．どうしたらいいですか？

座席表などを使って，朝の会や帰りの会，授業観察，給食の時間，休み時間，清掃の時間など，さまざまな機会に児童生徒の顔と名前が一致するよう努めます．また，児童生徒に話しかける際には，名札をみて名前を呼ぶようにすると，自然と名前が覚えられるようになります．可能であれば，指導教員に児童生徒の写真と名簿を借りて，顔と名前が一致するように努めるのもよい方法です．ただし，名簿や写真は個人情報ですから，取り扱いには十分注意しましょう．

Q6　児童生徒とうまく関わるには，どうしたらいいですか？

児童生徒のなかには，自分から積極的に話しかけてくれる子どももいれば，うまく話しかけられない子どももいます．児童生徒が安心して話しかけたり，発言したりできるように，笑顔で挨拶したり，落ち着いて話を聞く態度を示すようにします．児童生徒が話しかけてきたら，小学生の場合は同じ目の高さまで腰をかがめて聞くのも，うまく関わるためのポイントです．

Q7　指導教員以外の先生と，どのようにコミュニケーションをとればいいですか？

すべての教職員に，笑顔で明るく挨拶をすることが大切です．教職員は，実習生が学校になじめているか，気にかけています．声をかけてくれる教職員の言葉を素直に受け止め，感謝の意を伝えるなど，謙虚で誠実な態度で接することが大切です．

Q8　朝の挨拶運動には，参加しなければならないのですか？

朝の挨拶運動への参加は義務ではありませんが，登校してくる児童生徒の様子を観察することは，児童生徒理解のうえで大切な活動です．栄養教育実習の期間中は，実習校で行われている種々の活動に積極的に参加し，経験して，児童生徒理解に努めます（p.50参照）．

Q9　早めに家を出たのですが，交通渋滞でバスが遅れてしまいました．どうしたらよいですか？

通勤途中で何かトラブルがあったときには，必ず最初に，実習校の副校長・教頭または指導教員に電話をします．電話では，落ち着いてトラブルの状況を報告し，指示に従って行動します．その後，大学等の実習担当教員に電話でトラブルの状況と実習校から指示があった内容などを報告します．乗車中で電話ができない場合などを想定し，事前に実習校および大学等へのメール等の連絡方法について確認しておきましょう．

Q10　空き時間には，何をして過ごしたらいいですか？

実習計画表では，空白の時間もあります．その時間は，まず学級担任にクラスのことで何かしておくことがあるかを尋ねます．授業準備の補助など，指示を受けたことに進んで取り組みます．また，児童生徒の生活ノートを見せてもらうのもよい経験になるでしょう．とくに何も指示がない場合は，研究授業の教材研究をしたり，講話のレポートをまとめたりするとよいでしょう．

Q11　他の人より食事に時間がかかります．給食の時間内に，給食を食べ終わるか不安です．

給食の時間の学級のルールを児童生徒に教えてもらい，時間の配分を考えながら給食を食べるようにします．おしゃべりばかりして，食事が進まない児童生徒には，「しばらく，もぐもぐタイムにしよう」と声をかけて，食事に専念させるとよいでしょう．

Q12　昼休みは，どのように過ごしたらいいですか？

指導教員に相談します．もし，複数の先生から違うことを言われたときには，優先順位をよく考え，「この時間は○○先生から，○○をするように言われていますが，それでいいでしょうか」と誤解を招かないよう，断っておくとよいでしょう．

指示がない場合は，給食委員会の児童生徒と一緒に活動したり，児童生徒と遊んだりするなど，児童生徒のことを把握するための時間にするのもよい方法です．

Q13　実習期間中もアルバイトをしてもいいですか？

実習期間中は，実習に専念することが求められます．アルバイトや部活動を行うことはできません．時間的に余裕があっても，実習の準備やまとめを行ったり，休養したりして，少しでも充実した実習となるように時間を使います．実習期間中の休日についても同様です．

Q14　学校の器物を壊してしまいました．どうしたらいいですか？

最初に，児童生徒の安全を確認し，ケガをした児童生徒がいた場合は，保健室に連れて行くなど，児童生徒の対応を先に行います．次に，壊れた器物の片付けを行い，指導教員と管理職に報告と謝罪をします．そして，今後の対応について指導を受けます．大学等の実習担当教員には，その日のうちに報告をします．

Q15　実習日の最後に，指導教員や児童生徒に何か御礼の品物を贈りたいのですが，どうしたらいいですか？

実習校は，学生からの御礼の品物などは受け取らないきまりになっているところも多くあります．御礼をしなくても失礼にはあたりません．最終日に，お世話になった教職員や児童生徒に，感謝の気持ちを込めて挨拶をします．

Q16　実習終了日に，「来月○○発表会があるので，ぜひ子どもたちの様子を見に来てください」と，誘いを受けました．参加すべきでしょうか？

その日が授業や卒業研究などと重なっていなければ，参加すると児童生徒たちは喜んでくれるでしょう．しかし，参加することが難しければ，丁重に断ります．誘いを受けたまま，参加するとも参加しないとも返事をしないことはマナー違反になります．

巻末資料

巻末資料の帳票は右の QR コードより印字，入力ができます．▶▶▶

1 　自己のカリキュラムマップ作成

　自己のカリキュラムマップには，めざす栄養教諭像や栄養教諭として最小限必要な資質能力を記入するとともに，それらに向けて教職課程および管理栄養士・栄養士養成課程で履修する科目等を記入する．これにより，1年次から卒業年次（4年・2年）までの栄養教諭免許状取得に向けての学修の全体像が把握できる．

　序章，**表1**（p.2）栄養教諭になるためのカリキュラムマップ例を参考にし，大学等の履修の手引やシラバス等を用いて，次の(1)〜(3)の手順で自己のカリキュラムマップを作成する（p.97）．

(1) めざす栄養教諭像

　大学等のめざす栄養教諭像や，栄養教諭として働きたい自治体の教員育成指標等に示されている着任時に求められる姿等を参考に記入する．

(2) 栄養教諭として最小限必要な資質能力

　履修カルテ例②（資質能力についての自己評価）を参考に記入する（p.100）．

(3) 学修内容等

① 教職課程科目
・栄養に係る教育に関する科目
・教育の基礎的理解に関する科目
・道徳，総合的な学習の時間等の内容及び生徒指導，教育相談等に関する科目
・教育実践に関する科目

② 栄養教諭免許状取得に必要な教養科目
・日本国憲法，体育，外国語コミュニケーション，情報機器の操作

③ 教職課程以外の関連科目や活動等
・管理栄養士・栄養士養成課程科目
・臨地・校外実習（学校給食施設）
・各大学等の自主性や独自性，地域や採用者のニーズに対応した科目や活動
・児童生徒を対象とした活動
・地域等での食育活動　　　など

カリキュラムマップ

大学　　　年　学籍番号　　　　　氏名

めざす栄養教諭像
※大学等のめざす栄養教諭像や栄養教諭として働きたい自治体の教員育成指標等に示されている着任時に求められる姿等を参考に記入

栄養教諭に最小限必要な資質能力

※栄養教諭に求められる次の事項を，履修カルテ例②等を参考に記入
　① 使命感や責任感，教育的愛情等に関する事項
　② 社会性や対人関係能力に関する事項
　③ 幼児児童生徒理解や学級経営等に関する事項
　④ 教科・保育内容等の指導力に関する事項
　⑤ 栄養の専門性に関する事項

学年	教　職　課　程　科　目				栄養教諭免許状取得に必要な教養科目	教職課程以外の関連科目や活動等	管理栄養士・栄養士養成課程の科目
	栄養に係る教育に関する科目（　　　単位）	教育の基礎的理解に関する科目（　　　単位）	道徳，総合的な学習の時間等の内容及び生徒指導，教育相談等に関する科目（　　　単位）	教育実践に関する科目（　　　単位）			

2 履修カルテ例

(1) 教職関連科目等履修と自己評価

○○大学教職課程（栄養教諭）履修カルテ例①－1
（教職関連科目等の履修状況と自己評価）

学籍番号　　　氏名　　　　　　　　　　　　　　　　　　　　記入日　　年　　月　　日

区分*	授業科目名（教員名）	履修時期	到達目標 （シラバス等から作成）	評価 ・ 単位	履修者の具体的な 傾向・特徴と自己評価

＊区分例
　① 栄養に係る教育に関する科目
　② 教育の基礎的理解に関する科目
　③ 道徳，総合的な学習の時間等の内容及び生徒指導，教育相談等に関する科目
　④ 教育実践に関する科目
　⑤ 教養科目
　⑥ 各大学の自主性や独自性，地域や採用者のニーズに対応した科目　等

（文部科学省総合教育政策局教育人材政策課「教職課程認定申請の手引き（令和6年度開設用）18. 履修カルテについて」を参考に作成）

○○大学教職課程（栄養教諭）履修カルテ例①－2
（教職関連科目等の履修状況と自己評価）

学籍番号　　　　氏名　　　　　　　　　　　　　　　　　　　　　　記入日　　年　　月　　日

学外実習・ボランティア活動等[*1]の記録

活動名	修得・経験時期	内　容	修得事項と課題（教員等の評価等も記入）[*2]

＊1・学校給食臨地・校外実習，児童生徒対象の活動　例：学習支援ボランティア，スイミングクラブ指導員のアルバイト，学習塾アルバイト等
＊2・実習・活動先からの評価及び履修カルテ②（自己評価シート）の項目・指標に対し，修得できている資質能力と修得に向けた課題を記載

　　　（文部科学省総合教育政策局教育人材政策課「教職課程認定申請の手引き（令和6年度開設用）18.履修カルテについて」を参考に作成）

(2) 資質能力についての自己評価

○○大学教職課程（栄養教諭）履修カルテ例②（資質能力についての自己評価）

学籍番号　　　　氏名　　　　　　　　　　　　　　　　　　　記入日　　　年　　月　　日

▶求められる事項　①：使命感や責任感，教育的愛情等
　　　　　　　　　②：社会性や対人関係能力
　　　　　　　　　③：幼児児童生徒理解や学級経営等
　　　　　　　　　④：教科・保育内容等の指導力
　　　　　　　　　⑤：栄養の専門性
▶自己評価　あてはまるものに○をする
　　　　　　　1：できない　2：あまりできない　3：おおむねできる　4：できる

項　目	小　項　目	指　標		自己評価	備　考 対応等の記入
		必　要　な　資　質　・　能　力　の　指　標			
学校教育についての理解	教職の意義	教職の意義や教員の役割，職務内容，児童生徒に対する責務を理解していますか．	①	1.2.3.4	
	教育の理念・教育史・思想の理解	教育の理念，教育に関する歴史・思想についての基礎理論・知識を習得していますか．	①	1.2.3.4	
	学校教育の社会的・制度的・経営的理解	学校教育の社会的・制度的・経営的理解に必要な基礎理論・知識を習得していますか．	①	1.2.3.4	
他者との協力	他者意見の受容	他者の意見やアドバイスに耳を傾け，理解や協力を得て課題に取り組むことができますか．	②	1.2.3.4	
	保護者や地域との連携・協力	保護者や地域との連携・協力の重要性を理解していますか．	②	1.2.3.4	
	共同授業実施	他者と共同して授業を企画・運営・展開することができますか．	②	1.2.3.4	
	他者との連携・協力	集団において，他者と協力して課題に取り組むことができますか．	②	1.2.3.4	
	役割遂行	集団において，率先してみずからの役割を見つけたり，与えられた役割をきちんとこなしたりすることができますか．	②	1.2.3.4	
コミュニケーション	社会人としての基本	挨拶，言葉遣い，服装，他の人への接し方など，社会人としての基本的な事項が身に付いていますか．	②	1.2.3.4	
	発達段階に対応したコミュニケーション	児童生徒の発達段階を考慮して，適切に接することができますか．	③	1.2.3.4	
	児童生徒に対する態度	気軽に児童生徒と顔を合わせたり，相談に乗ったりするなど，親しみをもった態度で接することができますか．	③	1.2.3.4	
	公平・受容的態度	児童生徒の声を真摯に受け止め，公平で受容的な態度で接することがきますか．	③	1.2.3.4	

100

幼児児童生徒についての理解	心理・発達論的な児童生徒理解	児童生徒理解のために必要な心理・発達論的基礎知識を習得していますか.	③	1.2.3.4	
	特別の支援を必要とする児童生徒理解	特別の支援を必要とする児童生徒の特性や状況に応じた対応の方法を理解していますか.	③	1.2.3.4	
	児童生徒の状況に応じた対応	いじめ，不登校などについて，個々の児童生徒の特性や状況に応じた対応の方法を理解していますか.	③	1.2.3.4	
	学習集団の形成	学習集団形成に必要な基礎理論・知識を習得していますか.	③	1.2.3.4	
教科・教育課程に関する基礎知識・技能	学習指導要領	学習指導要領の内容を理解していますか.	④	1.2.3.4	
	教育課程の編成に関する基礎理論・知識	教育課程の編成に関する基礎理論・知識を習得していますか.	④	1.2.3.4	
	体育科，保健体育科	体育科，保健体育科の内容や教科書を理解していますか.	④	1.2.3.4	
	家庭科，技術・家庭科	家庭科，技術・家庭科の内容や教科書を理解していますか.	④	1.2.3.4	
	特別活動	特別活動の指導法や内容に関する基礎理論・知識を習得していますか.	④	1.2.3.4	
	総合的な学習の時間	総合的な学習の時間の指導法や内容に関する基礎理論・知識を習得していますか.	④	1.2.3.4	
	道徳教育	道徳教育の指導法や内容に関する基礎理論・知識を習得していますか.	④	1.2.3.4	
	情報機器の活用	情報機器の活用に係る基礎理論・知識・技能を習得していますか.	④	1.2.3.4	
	個別的な相談指導能力	個別的な相談指導における基礎理論・知識・技能を習得していますか.	④	1.2.3.4	
教育実践	教材分析能力	授業のねらいや教材・教具は，児童生徒の実態や発達段階に適したものであったか分析することができますか.	④	1.2.3.4	
	授業構想力	教材研究を生かした食に関する指導の授業を構想し，児童生徒の反応を想定した指導案としてまとめることができますか.	④	1.2.3.4	
	教材開発力	題材や単元に応じた教材・資料を開発・作成することできますか.	④	1.2.3.4	
	授業展開力	児童生徒の反応を生かし，授業を展開することができますか.	④	1.2.3.4	
	表現技術	板書や発問，的確な話し方など授業を行ううえでの基本的な表現の技術を身に付けていますか.	④	1.2.3.4	

栄養の専門性	栄養管理能力	学校給食摂取基準の考え方に基づいた栄養管理ができますか.	⑤	1.2.3.4	
	献立作成能力	食に関する指導の教材として活用できるように, ねらいが明確な献立作成ができますか.	⑤	1.2.3.4	
	衛生管理能力	学校給食衛生管理基準の内容を理解するとともに, 作業工程表や作業動線図の作成など, 基本的な知識・技能を習得していますか.	⑤	1.2.3.4	
	安全管理能力	学校給食における食物アレルギー対応や異物混入防止対策など, 安全管理を行ううえでの基本的な知識・技能を習得していますか.	⑤	1.2.3.4	
課題探求	課題認識と探究心	自己の課題を認識し, その解決に向けて, 学び続ける姿勢をもっていますか.	③	1.2.3.4	
	教育時事問題	いじめ, 不登校, 特別支援教育などの学校教育に関する新たな課題に関心をもち, 自分なりに意見をもつことができますか.	①	1.2.3.4	

栄養教諭をめざすうえで課題と考えている事項・課題解決のための取組方法等

（文部科学省総合教育政策局教育人材政策課「教職課程認定申請の手引き（令和6年度開設用）18. 履修カルテについて」を参考に作成）

3 栄養教育実習録

栄 養 教 育 実 習 録

○○大学　　学部　　　学科

学籍番号（　　　　　　　）

フリ ガナ
氏　名

実習校名　　　　　　　　　　　学校

実習期間　　　年　　月　　日（　）〜　　月　　日（　）

実習校におけるオリエンテーション

1　学校の実情（沿革、教育方針、教育環境など）

2　学校教育目標

3　食に関する指導の目標

4　学校給食目標

5　食育の推進について

6　学校経営の組織と校務分掌について（学校給食・食育の位置付けを中心に）

実 習 校 概 要

実習校名		所在地	〒
			TEL
校長名		副校長名・教頭名	
教育実習担当者名		指導教員栄養教諭等名	
職員構成	教諭（　）名・栄養教諭等（　）名・養護教諭（　）名・事務職員（　）名・その他（　）名		
学級構成	児童生徒（　　　）名 ・ 学級（　　　）学級		
担当学級	年　　組	指導教員学級担任名	

実 習 予 定 表

	月　日	実 習 内 容
事前1	月　日（　）	
事前2	月　日（　）	
第1日目	月　日（　）	
第2日目	月　日（　）	
第3日目	月　日（　）	
第4日目	月　日（　）	
第5日目	月　日（　）	
	月　日（　）	
	月　日（　）	

実 習 計 画・目 標・課 題

実習期間	年　　月　　日（　）〜　　月　　日（　）
実習生氏名	

学内オリエンテーション	内容1　／　（　）	
	内容2　／　（　）	

実習目標	※この実習で、特に、学んでおきたいと思うこと。

自主研究課題	

課題	出題日	内　容	提出日	検印	備　考

給食の記録

*指導者の了解を得て、デジタルカメラで撮った写真などを添付する。

実習日（曜日）月日（曜日）	1日目 ／	2日目 ／	3日目 ／	4日目 ／	5日目 ／
主食					
主菜					
副菜					
牛乳・その他					
献立のねらい 児童生徒の 喫食の様子等					
給与栄養量	E kcal P g F g Ca mg Mg mg Fe mg VA μgR VB₁ mg VB₂ mg Vc mg 食塩相当量 g DF g				

栄養教育実習の予定・実施表

①実習校で計画された実習計画に基づいて、予定を記入する。
②「実施の概要」には、観察・参加・実習（研究授業）等を記入する。
③学校行事の中には、自分の担当する学級の主な行事も含む。

月／日（曜日）		学校行事	予定	実施の概要
／（　）	午前			
	午後			
／（　）	午前			
	午後			
／（　）	午前			
	午後			
／（　）	午前			
	午後			
／（　）	午前			
	午後			
／（　）	午前			
	午後			
／（　）	午前			
	午後			

実習記録

（第　　　日目）　　　　実習生氏名（　　　　　　　　　　　）

所属		学校 学年　組		月　日　曜	校長印		副校長 教頭校長印		指導者印	
日課	教育活動	担当	実習内容				感想			
始業時										
1										
2										
3										
4										
給食時										
5										
6										
放課後										
反省記録							指導者所見			

指　導　講　話　の　記　録

大学等名		学籍番号		氏名	
テーマ				場所	
日　時	年　月　日（　）　校時　：　～　：				
指導者					

（所感）

授業の観察記録　授業者 (教員) ＿＿＿＿＿＿＿　（　日目）

大学等名		学籍番号		氏　名	
日時	月　　日（　）	校時	教科等		学年　　組
単元等					
観察の ポイント	【視点を明確にしておく】				

過程	教 員 の 活 動	児童生徒の反応と活動	備　考

（所　感）

研究授業（査定授業）指導案作成と留意点

大学等名		学籍番号		氏　名	
日　　時	月　　日（　　） 校　時	教科等		学年　　組	
単 元 等					
指導教員			場所		

❋　指導教員（担任教諭・栄養教諭）から指導されたことをまとめておく。

❋　最初の指導案も添付するとよい。

❋　特に考慮した点について明記する。

研 究 授 業 （査定授業） の 反 省

大 学 等 名		学籍番号		氏　名	
実 習 校 名			立		学校
教育実習期間	年　　月　　日 ～ 　　月　　日（　　週間）				
指導教科等名		指導学年			
実施日・校時	年　　月　　日（　） 校時（　時　分～　時　分）				
主題（単元等名）					

（指導者所見）

栄養教育実習全体を振り返って　栄養教育実習全体を振り返り、総合的な所感を述べる

　　　　　　　　　　年　　月　　日

大学等名		学籍 番号		氏 名	
実 習 校 名			立		学校
実 習 期 間	年　　月　　日 ～ 　　月　　日（　　週間）				

（指導者所見）

参考文献

1）愛知教育大学：教育実地研究の手引き（総論編）

2）石野正彦ほか：教育実習ハンドブック，上越教育大学出版会，2017

3）一般財団法人総合初等教育研究所：小学校新学習指導要領改訂の要点，文渓堂，2017

4）笠原賀子ほか：栄養教諭を目指す栄養教育実習ノート，医歯薬出版，2008

5）釧路教育研究センター：新・学級経営ハンドブック3実践編，https://www.city.kushiro.lg.jp/common/000090522.pdf，2020.11.15最終アクセス

6）熊本県教育委員会：食育実践マニュアル，平成20年

7）厚生労働省：授乳・離乳の支援ガイド，授乳・離乳の支援ガイド策定に関する研究会，2007

8）厚生労働省：授乳・離乳の支援ガイド（2019年改訂版），「授乳・離乳の支援ガイド」改定に関する研究会，2019

9）国立教育政策研究所：生徒指導リーフ　生徒指導って，何？ Leaf.1，https://www.nier.go.jp/shido/leaf/leaf01.pdf，2023.11.10最終アクセス

10）国立教育政策研究所　生徒指導研究センター：生徒指導の役割連携の推進に向けて－「生徒指導主担当者」に求められる具体的な行動（小学校編），平成23年

11）埼玉県教育局東部教育事務所：若い先生のための学級経営講座-月別編- 7月① 朝の会・帰りの会の運営～毎日の活動プログラムで児童生徒を育てる～，https://www.pref.saitama.lg.jp/documents/28045/gakkyuukeiei7-1.pdf，2023.11.10最終アクセス

12）埼玉県立行田特別支援学校：環境設定・視覚支援・教材等　虎の巻，https://gyoda-sh.spec.ed.jp/%E6%9C%AC%E6%A0%A1%E3%81%AE%E5%8F%96%E7%B5%84/%E6%9C%AC%E6%A0%A1%E3%81%AE%E6%95%99%E8%82%B2%E5%AE%9F%E8%B7%B5，2023.11.10最終アクセス

13）杉田 洋：自分を鍛え，集団を創る！特別活動の教育技術，小学館，2013

14）田中延子：学校給食摂取基準の活用，公益社団法人日本栄養士会学校健康教育，2019

15）東洋館出版社編集部：平成29年版小学校新学習指導要領ポイント総整理，東洋館出版社，2017

16）東洋館出版社編集部：平成29年版中学校新学習指導要領ポイント総整理，東洋館出版社，2017

17）独立行政法人国立特別支援教育総合研究所：特別支援教育の基礎・基本，ジアース教育新社，2020

18）富山市教育センター：授業のイロハ，http://www.tym.ed.jp/c10/kensyu/mitishirube/r02/jyu_iroha.pdf，2020.11.15最終アクセス

19）長崎県教育委員会：学校給食の手引き，平成23年

20）福井県教育委員会：ふくいこども食育チャレンジ，平成28年

21）藤澤良知，芦川修貳，田中延子ほか：よくわかる栄養教諭－食育の基礎知識－（第2版），同文書院，2016

22）藤本 勇二：授業づくりから考える指導案，学校給食 2015年4月号，全国学校給食協会，2015

23）文部科学省：21世紀の特殊教育の在り方について（最終報告），21世紀の特殊教育の在り方に関する調査研究協力者会議，2001

24）文部科学省：新しい時代の特別支援教育の在り方に関する有識者会議（第8回）配布資料，資料1，これまでの議論の整理（案），令和2年，https://www.mext.go.jp/content/20200630-mxt_tokubetu02-000008415_1.pdf，2023.11.10最終アクセス

25）文部科学省：栄養教諭を中核としたこれからの学校の食育，平成29年

26）文部科学省：学校給食衛生管理基準，文部科学省告示第64号，平成21年

27）文部科学省：学校給食における食物アレルギー対応指針，平成27年

28）文部科学省：学校給食法，昭和29年法律第160号，最終改正平成27年

29）文部科学省：教職課程コアカリキュラム 参考資料，教職課程コアカリキュラムの在り方に関する検討会，平成29年

30）文部科学省：子どもの徳育の充実に向けた在り方について（報告），平成21年

31）文部科学省：今後の特別支援教育の在り方について（最終報告），特別支援教育の在り方に関する調査研究協力者会議，2003

32）文部科学省：小学校学習指導要領（平成29年告示），平成29年

33）文部科学省：小学校学習指導要領（平成29年告示）解説　総則編，平成29年

34）文部科学省：食に関する指導の手引－第一次改訂版－，平成22年

35）文部科学省：食に関する指導の手引－第二次改訂版－，平成31年

36）文部科学省：生徒指導に関する教員研修の在り方について（報告書），生徒指導に関する教員研修の在り方研究会，平成23年，https://www.mext.go.jp/b_menu/shingi/chousa/shotou/080/houkoku/1310110.htm，2023.11.10最終アクセス

37) 文部科学省：中学校学習指導要領（平成29年告示），平成29年

38) 文部科学省課程委員会決定：教職実践演習の実施に当たっての留意事項，平成20年

39) 文部科学省教育職員養成審議会：新たな時代に向けた教員養成の改善方策について（第1次答申），1997

40) 文部科学省教育職員養成審議会：教員の資質能力の向上方策等について（答申），1987

41) 文部科学省高等教育局大学振興課大学改革推進室：平成29年度の大学における教育内容等の改革状況について（概要），令和2年

42) 文部科学省初等中等教育局：生徒指導提要，平成22年

43) 文部科学省初等中等教育局：特別支援教育の推進について（通知），平成19年

44) 文部科学省総合教育政策局教育人材政策課：教職課程認定申請の手引き（令和6年度開設用）

45) 文部科学省中央教育審議会：新しい時代の義務教育を創造する（答申），平成17年

46) 文部科学省中央教育審議会：これからの学校教育を担う教員の資質能力の向上について〜学び合い，高め合う教員育成コミュニティの構築に向けて〜，平成27年

47) 文部科学省中央教育審議会：今後の教員養成・免許制度の在り方について（答申），平成18年

48) 文部科学省中央教育審議会：食に関する指導体制の整備について（答申），平成16年

49) 文部科学省中央教育審議会：幼稚園，小学校，中学校，高等学校及び特別支援学校の学習指導要領等の改善及び必要な方策等について（答申），平成28年

50) 琉球大学教職課程実習委員会：教育実習の手引き

毎日の生活のなかで気が付いたこと，アイディアを書き留めておきましょう．

年　　月　　日（　　）天気

年　　月　　日（　　）天気

年　　月　　日（　　）天気

年　　月　　日（　　）天気

年　　月　　日（　　）天気

年　　月　　日（　　）天気

毎日の生活のなかで気が付いたこと，アイディアを書き留めておきましょう．

年　　月　　日（　　）天気

年　　月　　日（　　）天気

年　　月　　日（　　）天気

年　　月　　日（　　）天気

年　　月　　日（　　）天気

年　　月　　日（　　）天気

毎日の生活のなかで気が付いたこと，アイディアを書き留めておきましょう.

年　　月　　日（　　）天気

年　　月　　日（　　）天気

年　　月　　日（　　）天気

年　　月　　日（　　）天気

年　　月　　日（　　）天気

年　　月　　日（　　）天気

毎日の生活のなかで気が付いたこと，アイディアを書き留めておきましょう．

年　　月　　日（　　）天気

年　　月　　日（　　）天気

年　　月　　日（　　）天気

年　　月　　日（　　）天気

年　　月　　日（　　）天気

年　　月　　日（　　）天気

栄養教諭のための教職実践演習・栄養教育実習ノート
—1年次から使えるポートフォリオ—

2021 年 2 月 1 日　第 1 版第 1 刷発行
2024 年 3 月 1 日　第 1 版第 2 刷発行

監 修 者	芦川　修貳
編者代表	田中　延子
編　　者	守田真里子
	髙田　尚美
発 行 者	百瀬　卓雄
発 行 所	株式会社 学建書院

〒112-0004　東京都文京区後楽 1-1-15-3 F
TEL (03) 3816-3888
FAX (03) 3814-6679
http://www.gakkenshoin.co.jp

印刷製本 シナノ印刷(株)

学校給食調理従事者研修マニュアル

編纂　平成24年3月 文部科学省スポーツ・青少年局学校健康教育課
A4判 / カラー / 138頁 / 定価1,980円（本体1,800円＋税10%）/ ISBN978-4-7624-0884-7

文部科学省の好評マニュアルを書籍化しました！

■食中毒ゼロをめざした衛生管理のマニュアル書
■現場で役立つ実践的な情報が満載
■学校給食調理員の標準的研修プログラムに準拠

調理場における 衛生管理 & 調理技術マニュアル

編纂　平成23年3月 文部科学省スポーツ青少年局学校健康教育課
A4判 / カラー / 77頁 / 定価1,100円（本体1,000円＋税10%）/ ISBN978-4-7624-0878-6

■目からウロコの調理技術
■ひとめでわかるカラー写真満載

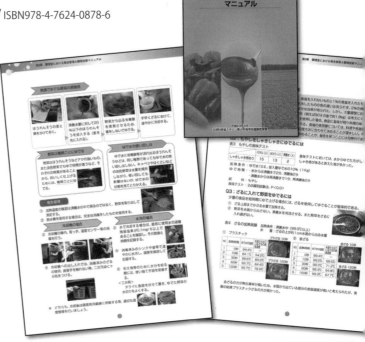

手順の再確認，作業の統一化に！

野菜の洗い方・切り方，卵の扱い方・ゆで方，下味・調味，乾物の戻し方，だし汁の取り方など，大量調理ならではの調理のポイントやひとことアドバイスが役立つ．